Hetty Draayer

Finde dich selbst durch Meditation

Hetty Draayer

FINDE DICH SELBST DURCH MEDITATION

Anleitungen und Übungen für den inneren Weg

Kösel

Aus dem Holländischen: Judith Balogh, München / Autorisierte Bearbeitung und Lektorat: Hildegard Milberg.
Die Originalausgabe erschien unter dem Titel »Vind je zelf door Meditatie« bei Mirananda uitgevers B.V., Wassenaar.

CIP-Kurztitelaufnahme der Deutschen Bibliothek

Draayer, Hetty:
Finde dich selbst durch Meditation : Anleitung u.
Übungen für d. inneren Weg / Hetty Draayer. – München :
Kösel, 1984.
Einheitssacht.: Vind je zelf door meditatie ⟨dt.⟩
ISBN 3-466-34087-X

ISBN 3-466-34087-x

Gesamtherstellung: Kösel, Kempten.
Umschlag: Günther Oberhauser, München, unter Verwendung eines Fotos von Burkhard Bartel.

Inhalt

Vorwort zur deutschen Ausgabe

Ich freue mich, dem Buch von Hetty Draayer ein Wort mit auf den Weg geben zu dürfen. Wenn ich die Bedeutung dieses Buches hervorhebe, so tue ich das aufgrund der Erfahrungen, die ich selbst mit den Übungen von Hetty Draayer machen durfte. Seit vielen Jahren bin ich einmal im Jahr für eine gewisse Zeit bei ihr gewesen und habe mich ihrer Führung anvertraut. Ich war immer wieder überrascht, wie das von ihr geführte Hindurchgehen durch den ganzen Leib eine nicht nur physische, sondern auch seelisch-geistige Erneuerung bringt. Es ist, als ob jeder Teil unseres lebendigen Leibes eine eigene besondere Weisheit enthielte, deren Bewußtwerdung die Übungen von Hetty Draayer ermöglichen. Wenn man die Übungen wirklich mit voller innerer Beteiligung vollzieht, ist man nach der Übung nicht nur anders, sondern ein Anderer, mehr man selbst.

Karlfried Graf Dürckheim

Vorbemerkung

Aus meiner Arbeit mit einzelnen Menschen und in Meditationsgruppen kam immer dringender die Bitte, doch ein Buch zu schreiben.

Bei denen, die den inneren Weg suchen, besteht der große Wunsch nach einem einfachen Führer mit dazugehörigen Übungen. Mit diesem Buch habe ich versucht, diesem Wunsch nachzukommen.

Das Buch erhebt keinen wissenschaftlichen Anspruch, es ist entstanden aus innerem Wahrnehmen und Erfahren. Wir sind empfänglich dafür in dieser Zeit.

Jedes Kapitel besteht aus zwei Teilen. Der erste Teil bringt eine Betrachtung, die zur anschließenden Übung hinführt. Der zweite Teil umfaßt jeweils eine von mehreren, sorgfältig ausgewählten, aufeinander folgenden Übungen. Sie bilden die Grundlage für das Gehen des inneren Weges.

Die Übungen sind so angegeben, daß Sie sie auf Tonband sprechen und dann im Abhören üben können. Ob Sie wohl bereit sind, zu versuchen, jede »Lektion« gut in sich aufzunehmen und nicht zum nächsten Kapitel überzugehen, bevor das vorausgehende mit seinen Übungen nicht ein Teil von Ihnen geworden ist? Gerade am Anfang, wenn Sie Konzentration lernen müssen, brauchen Sie Geduld und Einsatzbereitschaft.

Nehmen Sie sich genügend Zeit dafür.

In dieser Zeit der Hast und Eile könnten Sie in die Versuchung kommen, die Übungen in einer Kartei unterzubringen und das Übrige fallen zu lassen oder nur die Übungen zu machen, die Sie angenehm finden.

Aber gerade das, was den Übungen vorausgeht, lehrt Sie, sich selbst kennenzulernen, und macht es Ihnen möglich, Ihre verborgenen Kräfte zu begreifen und zu gebrauchen, so daß sie ein wertvolles Instrument werden können.

Allen, die mir geholfen haben, den inneren Weg zu gehen, bin ich sehr dankbar, besonders Graf Dürckheim für seine Arbeit, seine Führung und warmherzige Begleitung. Wer das Werk Graf Dürckheims kennt, wird leicht entdecken, wie viele seiner Einsichten sich für mich als fruchtbar erwiesen haben.

Hetty Draayer van Putten

1 Einleitung

Die Zeit, in der wir leben, verlangt von uns eine neue Einsicht: zu erkennen, daß wir nicht an Zeit und Raum gebunden sind und doch das Bewußtsein haben, eins zu sein mit allem, was ist.
Wir sind in ein neues Zeitalter eingetreten. Das zeigt sich deutlich in der Entwicklung in der Parapsychologie, der Esoterik, der Mystik und im Okkultismus. Immer mehr haben wir es zu tun mit Begriffen wie das zweite Gesicht, Psi, Meditation, verfeinerte Sinne, die über die fünf uns bekannten Sinne – hören, sehen, fühlen/tasten, schmecken und riechen – hinausgehen. Auch in der Wissenschaft führt subjektives Erfahren, ein anderes, »zweites« Denken, Fühlen und Handeln zu Veränderungen.
Das ausschließlich dualistische Denken, das atheistisch Links-Extreme oder das Rechts-Radikale, das »erste Gesicht« und die fünf dazu gehörenden Sinne – um nur einige wenige Beispiele zu nennen – stehen nicht mehr im Zentrum des Interesses.
Gegenwärtig besteht ein großes Interesse am Okkulten, an Wahrsagerei, Astrologie, Homöopathie, Akupunktur und an unkonventionellen »wissenschaftlichen« Theorien über Lemuria, über Atlantis, Ufos usw. Und auch die Wissenschaft akzeptiert immer mehr den Gedanken, daß das Paranormale für die Zukunft der Welt eine bedeutende Rolle spielen wird.
Daneben wird im Menschen das Verlangen wach, sein Wesen, das Innerste seiner Seele, kennenzulernen und sich mit ihm verbunden zu wissen. Das Verlangen, auch eine persönliche religiöse Verbindung erfahren zu dürfen – mit dem Kosmischen, dem Ewigen, dem Absoluten, mit Gott.

Wir sehen die Veränderungen in Psychologie und Psychotherapie, in den Naturwissenschaften, in Heilkunde und Theologie. Mehr als zweitausend Jahre lang, in der Zeit des jüdisch-griechisch-christlichen Denkens, hat sich der Mensch auf die erste

Wirklichkeit beschränkt, hat er gelebt aus dem, was er mit seinen fünf Sinnen wahrnehmen konnte. Jetzt wissen wir, daß es noch eine andere Möglichkeit gibt: den Weg der inneren Wahrnehmung, die subjektive Erfahrung mit verfeinerten Sinnen. Wenn wir diesen inneren Weg immer mehr kennenlernen wollen, dann kommen uns bestimmte Kräfte zu Hilfe, die nötig sind, um noch tiefer nach innen zu gehen. Solange wir noch unbewußt leben, sind die bekannten fünf Sinne unsere Grenzen: wir bleiben in uns stecken, denn die Haut bleibt geschlossen. Durch tiefe Entspannung von Körper, Seele und Geist öffnet sich jedoch die Haut und wird zum Wahrnehmungsorgan. Durch die Haut hin gelangen wir dann aus uns und über uns hinaus, und dadurch verfeinern sich auch die anderen Sinne.

So lernen wir nach und nach eine zweite, höhere Wirklichkeit zu erleben. Wir lernen die Menschen so zu sehen, wie wir selbst auch gesehen werden möchten: mit Wärme, Weisheit und Verständnis. Und gerade in dieser Zeit, in der viele Menschen sich nicht mehr als nach Gottes Bild geschaffen verstehen, sondern eher als zufälliges Nebenprodukt einer unpersönlichen Welt, in der Freude und Kummer, Erfolg und Scheitern des einzelnen wenig oder gar nicht zählen, tut es unendlich gut, jemandem zu begegnen, der wirklich zuhört, mit warmem Interesse und weisem Urteil.

Vor allem die jüngere Generation sucht nach der Dimension des Meditativen, des Transzendenten, die über unsere biologische Natur und die fünf Sinne des Menschen hinausgeht. Darin erweist sich, daß die Menschheit unbewußt überraschend kollektiv und absolut kosmisch angelegt ist: diese Jüngeren erkennen die Notwendigkeit einer neuen Lebenseinstellung. Die Jugend verwirft die autoritär und erstarrt wirkenden kirchlichen, sozialen und politischen Dogmen. Unbewußt fühlt sie, daß diese Dogmen nicht mehr in das neue Zeitalter passen und uns negativ beeinflussen. Sie sucht eine neue, unmittelbare Verbindung mit dem Letzten, dem Absoluten, mit dem Kern unserer Seele, eine Verbindung, die reinigend und heilend in uns wirkt.

Sogar der Tod, das Ende jedes lebenden Menschen, erhält ein anderes Vorzeichen dadurch, daß wir innerlich überzeugt sind vom unendlichen Wesen eines jeden Menschen. Auch das Wesen gehört zum Letzten, unbedingt Absoluten, und so wird der Begriff Reinkarnation lebendig für uns.

Nach Hunderten von Jahren beginnt eine grundsätzlich andere Richtung sich abzuzeichnen. Viele sind sich dieser neuen Zeit bewußt. Und dieses veränderte Bewußtsein sucht nach anderen Ausdrucksformen und damit übereinstimmenden Werten, nach einem neuen Selbstverständnis und einem dementsprechenden neuen und tieferen Bild des Menschen, der Erde, die er bewohnt, und des Kosmos, der ihn umgibt.
Dies alles verändert das mehr als zweitausend Jahre alte dualistische Bewußtsein. Unter »dualistisch« verstehe ich: voneinander getrennt und entgegengesetzt, z. B. Geist – Materie, Gott – Teufel, Himmel – Hölle, Unsterblichkeit – Sterblichkeit, Gefühl – Verstand, Subjekt – Objekt, Yang – Yin.
Das neue Bewußtsein mit seiner zweiten Subjektivität, der inneren Erfahrung, und mit einem entsprechenden Verständnis von Liebe, Sorgsamkeit, Hilfsbereitschaft und sich in Freiheit Zurverfügungstellen für die Mitmenschen bringt uns wahrscheinlich in ein besonders religiöses Zeitalter. Eine Zeit, in der der Mensch durch den inneren Weg eine persönliche Verbindung zu Gott findet und aus dieser Quelle heraus auch zum anderen, dem Mitmenschen, Kontakt zu halten lernt.
Aus der Tiefe unserer Quelle, unserer natürlichen Mitte, heraus haben wir ein weites Blickfeld. Leben wir aus dieser Quelle in uns, dann ist auch Konzentration da: wir sind wach, ganz auf das Hier und Jetzt eingestellt. Obwohl jeder Mensch für sich einzigartig ist, erleben wir erst miteinander unser Menschsein mit menschlichen Gefühlen und Erfahrungen: eine Einheit von Beziehungen mit extrem auseinander strebenden Verschiedenheiten. Diese Differenzen lernen wir allein mit Hilfe scharfsinniger, klarer Einsicht in das Wesen der Dinge in vertieftem Wissen und Fühlen zu überbrücken.

Das ist nur möglich, wenn wir lernen, immer wieder neu loszulassen, neu zu beginnen, mit neuen Augen zu sehen; als wäre es das erste Mal, daß wir in einer scheinbar bekannten Situation eine neue Dimension erfahren. Dies kann sich allein durch »Meditation« und ihren heilenden Wachstumsvorgang in uns vollziehen.

Meditation ist jedoch nicht allein ein geistiges Geschehen, sondern schließt den ganzen Menschen, seine körperlichen Funktionen und Tätigkeiten, mit ein. Der Schlüssel zur Meditation ist das Atmen, durch das wir lernen, unseren Körper als unser irdisches Haus zu bewohnen und zu erfahren. Atmen ist die Bewegung, in der wir uns öffnen und schließen, uns loslassen und erneut finden, uns unaufhörlich verändern.

Wenn dieses Atmen in uns wie selbstverständlich geschieht, sind wir im Gleichgewicht, und unser Körper ist in Ordnung, also gesund. Darin liegt die initiatische Bedeutung des Atmens beschlossen: das Üben des rechten Atmens macht uns den Weg zur Selbstverwirklichung frei.

Nur wenn wir den Atem auf diese Weise erleben und bewußt zu üben lernen, wird er zum Schlüssel, mit dem wir das Tor zu uns selbst öffnen können, und insoweit zur Initiation (initiare = das Tor zum Geheimen öffnen, das wir selbst im Wesen sind).

Übung

Wir legen uns auf den Rücken, am besten auf eine Decke auf den Boden, ein kleines Kissen unter den Kopf, vielleicht auch ein Kissen unter die Knie. Eine Decke zum Zudecken ist ebenfalls gut, denn Wärme wirkt sich auf die Entspannung wohltuend aus.

Wir legen unsere Hände auf unseren Unterbauch zwischen Nabel und Schambein; unsere Füße liegen, etwa fünfzig Zentimeter auseinander, entspannt da. Wir beginnen mit dem Einatmen. Wir atmen ein und drücken dabei den Zwerchfellmuskel in Richtung Schambein. Wir atmen ganz leicht und nehmen aufmerksam

wahr, wie unser Becken rundherum rund wird, seitlich, hinten, rundum.
Still und ruhig atmen wir so fünfmal ein: unsere Aufmerksamkeit ganz auf den Einatem gerichtet, spüren wir, daß wir einatmend in uns zulassen und aufnehmen.

Jetzt folgen wir dem Ausatem: Wir atmen ganz natürlich durch unsere Nase aus. Dabei stellen wir uns aber vor, wie wir uns voller Vertrauen in den Ausatem loslassen und gleiten lassen – durch die Haut hin, und wie der Atemstrom durch unsere Beine und Füße verfließt.
Wenn wir es wagen, uns völlig in den Ausatem loszulassen, dann kommt der rechte Einatem von selbst. Mit unseren Händen auf dem Bauch folgen wir der durch uns hinfließenden Bewegung.
Nun versuchen wir, siebenmal bewußt ein- und auszuatmen und, still nach innen gewendet, zu spüren, was in uns geschieht.
Wir atmen leicht, unhörbar: je ruhiger wir atmen, um so feiner sind die Kräfte, die durch uns hindurchfließen.

Nun legen wir eine Hand unter unser Kreuzbein mit der Handfläche nach unten auf den Boden, während die andere Hand auf dem Unterbauch liegen bleibt.
Wir atmen ganz ruhig, wie vorher. Wir spüren, wie unsere Hände einswerden mit unserem Unterbauch, mit unserer »Schale«. So wird diese Schale – zwischen unseren beiden Händen – größer und weiter. Dadurch nimmt die Kraft zu, die von dort aus durch uns hinströmt.
Wir atmen siebenmal ein und aus.
Dann wechseln wir die Hände und erfahren aufs neue, wie durch das Atmen unsere Hände einswerden mit unserem Becken, und wie die Kräfte, die durch uns hinströmen, dadurch verstärkt werden.

Dann schlucken wir, öffnen unsere Augen, schließen und öffnen sie wieder. Wir bewegen unsere Hände und Füße von der Tiefe unseres Beckens her. Wir lassen unsere Schultern kreisen. Wir

drehen unseren Kopf langsam von links nach rechts und wieder zurück. Wir fühlen die Entspannung unseres Nackens. Dann ruhen und strecken wir uns und gähnen. Wir spüren die Verbindung zwischen unseren Fingerspitzen und Zehenspitzen.
Wir legen unsere Hände zurück auf unsere Schale. Wir atmen ein und spüren, wie aus der Tiefe unseres Unterbauchs der Einatem aufsteigt und rundherum rund wird. Und wie wir uns dann in den Ausatem loslassen und gleiten lassen durch die Tiefe hin, durch die Haut des Beckens nach hinten, zu unseren Beinen und Füßen.
Wir atmen dreimal ein und aus.
Wir setzen uns langsam auf. Wir recken und strecken uns noch einmal, und erst dann stehen wir auf.

Den ganzen Tag hindurch, ob wir nun gehen, sitzen oder stehen, versuchen wir, so von unserem Becken, unserer Schale aus zu atmen. Wenn wir auch nur die geringste Ermüdung fühlen, hören wir auf damit. Wir forcieren nichts. Es muß vollkommen natürlich und entspannt geschehen.

2 Unsere Schale

Im ersten Kapitel sahen wir unseren Körper als das irdische Haus, das wir während unseres Erdenlebens bewohnen. Wenn wir lernen wollen, unseren Körper als den Spiegel von Seele und Geist zu erfahren, müssen wir beginnen, unsere Mitte und die Tiefe dieser Mitte zu finden.
Die meisten Menschen haben die Verbindung mit ihrer natürlichen Mitte verloren. Die Fehlschläge unseres Lebens hängen eng damit zusammen, daß wir die rechte Mitte nicht kennen oder nicht kennen wollen.
Was bedeutet unser Körper für uns?
Wenn ich an meine Kindheit zurückdenke, kann ich mich erinnern, wie mir beigebracht worden ist, gerade zu stehen, und die anderen, so viel Größeren anzuschauen, wenn sie mit mir sprachen. Etwas, was ich zunächst auch selbstverständlich tat, bis ich merkte, wie aggressiv und böse, wie kalt Augen sein können und wie schwierig es ist, solchen Augen zu begegnen. Wohin mit meinen Händen? Welch unsicheres Krabbeln an meinem Kleidchen, Spielen mit einem Zipfel meines Taschentuchs oder Trostsuchen bei einem mir teuren runden Steinchen in meiner Manteltasche. »Stell Dich gerade, die Hände auf den Rücken, und schau mich an.« So war das damals.

Wie viele Bilder von der Stellung von Kopf und Hals habe ich in mir. In meiner Arbeit, im täglichen Leben und auch in Filmen lese ich an der Haltung von Kopf und Nacken ab, was im Menschen vor sich geht. Wer sich feige, schuldig oder beschämt fühlt, läßt seinen Kopf hängen. Wer mutig ist, hält seinen Kopf hoch und gerade. Wer sich ängstlich und gehetzt fühlt, zieht seinen Kopf zwischen den Schultern ein. Wer aggressiv gestimmt ist, streckt sein Kinn nach oben und vorn. Wer keinen Ausweg mehr sieht, läßt zwischen hochgezogenen Schultern den Kopf hängen: als trüge er seine Last auf dem Nacken.

Als Kind lernte ich dann so zu stehen, daß ich keine Rüge bekam. Das war die Antwort auf das, was von außen von mir verlangt wurde, es war keine bewußte Haltung von innen. Kein Gefühl von: »Hier stehe ich, und das spüre ich auch, von meinem Scheitel bis hin zu meinen Füßen.« Kein bewußtes Erleben von: »Ich stehe, fühle, wie meine Füße mit der Erde verbunden sind, und ich weiß mich getragen von der Erde.«

Wie viele Menschen kennen ihre Füße? Sorgen für ihre Füße? Diese Füße, die uns ein Leben lang tragen. Aufmerksamkeit wenden wir ihnen meistens erst dann zu, wenn ihnen etwas fehlt.
Wir wollen uns hinsetzen und unsere Füße, einen nach dem anderen, in die Hände nehmen.
Wir legen das linke Bein auf unseren rechten Oberschenkel und schauen die verschiedenen Knochen, Muskeln, Knöchel, die Haut, die ganze Form unseres linken Fußes aufmerksam an. Mit dem Zeigefinger folgen wir den Umrissen der Zehen. Nehmen einen Zeh nach dem anderen in die Hand und wärmen ihn auf diese Weise. Wir folgen dem wärmenden Strom durch uns hin. Wie weit dringt der Strom durch uns hin?

Wir massieren unsere Füße mit etwas Massageöl an den Händen und reiben auch die Knöchel und die Fersen ein, bis der ganze Fuß sich warm und durchblutet anfühlt.
Dann stellen wir uns hin, die Füße in Hüftbreite auseinander. Wir nehmen wahr, wie geschmeidig und lebendig die Füße auf dem Boden stehen, verbunden mit der Erde, geöffnet zur Erde hin.
Bis wohin fühlen wir die Verbindung mit der Erde durch uns hin?
Stehen wir wirklich mit unseren ganzen Füßen auf der Erde und nicht nur auf unserem Fersen – mit angezogenen Zehen? Als zögen wir uns von der Erde zurück. Als trauten wir uns nicht loszulassen – weil es uns an Vertrauen fehlt, weil wir uns nicht übergeben können an das Leben oder weil wir Angst haben, unseren Auftrag auszuführen.

Oder liegt der Akzent auf den Ballen unserer Füße, als wollten wir uns lieber entfernen?
Geht es darum, nicht länger im Hier und Jetzt zu leben, was schwer und mühselig ist, sondern lieber wegzulaufen in eine – hoffentlich – bessere Zukunft, dann drücken wir unsere Vorfüße auf den Fußboden und stehen nicht mit dem ganzen Fuß auf der Erde.
Oder haben wir unsere Zehen krampfhaft gespreizt, als wollten wir mit den Zehen den Fußboden festhalten?
Wir müssen versuchen, selbst herauszufinden, wie wir stehen und gehen: stehen und gehen wir in Verbindung mit der Erde? Fühlen wir, wie die Erde uns trägt? Ganz ruhig, nach und nach beginnen wir zu spüren und das Gefühl zuzulassen, bis es uns ganz und gar durchdringt.
Wir schließen nun unsere Augen und nehmen wahr, wie sich unsere Füße geschmeidig und lebendig, offen fühlen. Wir stehen nicht mehr auf unseren Füßen, sondern wir werden getragen von etwas, das unsere Füße von unten her stützt und trägt.

Können wir jetzt fühlen, was die Verbindung der Füße mit der Erde uns gibt?
Spüren wir das auch in unseren Knöcheln?
In unseren Knien?
In unseren Hüftgelenken?
In unserem Beckenboden?
Spüren wir, wie verkrampft unser Becken ist? Und die Gesäßmuskeln?
Einige von uns nehmen sogar die verkrampften Muskeln ihres Magens wahr und fühlen, wie die Schulterpartie, wie Nacken und Hals festsitzen, wie verkrampft Mund und Augen sind.

Durch den ganzen Körper nehmen wir die Veränderung wahr – jetzt, da wir die Verbindung zwischen unseren Füßen und der Erde fühlen.
Wir spüren, wie unsere Hände und zugleich unsere Füße die

Einheit mit der Erde erfahren. Wie die Finger zusammengehen mit den Zehen, die Fingerspitzen mit den Zehenspitzen.

Wir sagen nun innerlich zu uns selbst:
»Meine Hände reichen zur Erde,
meine Finger fühlen die Erde,
meine Fingerspitzen tasten in die Erde hinein.«
Aufmerksam achten wir auf die Strahlung, die durch unsere Fingerspitzen in die Erde hineinstrahlt.
Wir nehmen wahr, wie sich dadurch der Akzent in unsere Mitte verlagert, in unseren Unterbauch. Spontan verändert sich damit unser Atem.
Wir legen unsere linke Hand auf unseren Unterbauch, zwischen Nabel und Schambein, und unsere rechte Hand unter unseren Rücken, gerade über die Gesäßnaht.
Wir fühlen, wie in unserem Unterbauch, unter unserer linken Hand, eine weiche Masse liegt: unsere lebenswichtigen Organe, zusammengehalten durch Muskeln.
Dort ist der Sitz unserer Vitalität, unsere »Quelle«. Die Japaner nennen diese Stelle »Hara«.
Hinten, unter unserer rechten Hand, fühlt es sich ganz anders an, hart. Dort sind Knochen und Muskeln, die es uns möglich machen, aufrecht zu stehen.
Wir streichen jetzt mit beiden Händen über die Rückseite unseres Beckens, von oben nach unten; dann horizontal von einer Hüfte zur anderen; dann unseren Rücken hinauf, die Wirbelsäule entlang, soweit es geht, und wieder zurück bis unter das Steißbein und die Sitzknochen.
Zum erstenmal erfahren wir bewußt unsere Wirbelsäule, die Säule, durch die wir aufrecht stehen.
Wie gut das tut, uns selbst so mit unseren Händen zu fühlen. Auch nachdem wir die Hände weggenommen haben, spüren wir noch ihre Bewegung.

Dann wenden wir unsere Aufmerksamkeit unserem Bauch zu. Langsam streichen wir mit unseren Händen über unseren Unter-

bauch. Durch unsere Kleider fühlen wir, wie unsere Hände, unsere Finger sich öffnen zu unserem Bauch hin: sie werden warm und passen sich der Form unseres Bauches an. Unser Bauch antwortet und wird lebendig.
Wir fühlen jetzt ganz deutlich, wie sich unter unseren Händen der Atem verändert, stiller und ruhiger wird. Die Organe und das Gewebe werden wach, bewußt. Deutlich spüren wir, wie die Hinterseite und die Vorderseite unseres Beckens sich gleichzeitig verändern, einswerden. So wird unsere »Schale« geboren.

Wir legen wieder eine Hand auf unseren Unterbauch, die andere hinten oberhalb der Gesäßnaht.
Wir fühlen zwischen unseren Händen, wie Einatem und Ausatem uns bewußt in den Prozeß der Atmung einbeziehen: wir sind nicht mehr unser eigener Zuschauer. Es gibt eine Wechselwirkung zwischen der Luft, die wir einatmen, und unserem Körper, zwischen innen und außen. Wir fühlen, daß wir teilhaben an dem großen kosmischen Atem, an allem, was ist.

So lernen wir, in uns selbst hineinzufühlen und wahrzunehmen.
Wir entwickeln ein klares, waches Bewußtsein.
Wir schärfen unsere Sinne.
Das ist ein Wiederentdecken, ein Wiedergewinnen dessen, was wir durch die Jahrhunderte hin in unserer Orientierung nach außen, auf die Materie, verloren hatten.
So lernen wir, unseren Körper wirklich zu bewohnen, und das verändert auch unsere Lebenseinstellung: wir lernen unsere Existenz zu akzeptieren, in all ihren Seiten, so schwer dies auch ist.
Wir lernen, im Hier und Jetzt zu leben.
Oberflächlich betrachtet, erscheinen alle religiösen und transzendentalen Wege schön, aber begrenzt insofern, als sie alle gen Himmel weisen, weg von dieser Erde. Und wer möchte nicht in den Himmel entfliehen?
Aus dem alt-chinesischen Denken ist diese Drei-Einheit überlie-

fert: der Mensch aus der Tiefe seiner Mitte, offen zur Erde und offen zum Himmel.
Indem unsere Füße sich öffnen für die Kräfte der Erde, lernen wir, unser Leben auf Erden zu akzeptieren, wie schwer es auch sei.
Zweitens lernen wir, uns selbst zu erkennen, mit unserer dunklen Seite, unserem »Schatten«, wie Jung ihn genannt hat.
Drittens helfen uns die Kräfte der Erde, die wir durch unsere geöffneten Füße empfangen, das Leben auf der Erde zu meistern und etwas daraus zu machen.
Es geht also um die geöffneten Füße!

Als Kind lernen wir zuerst stehen und gehen und dann erst folgt das Sprechen.
So ergeht es auch uns, wenn wir den inneren Weg gehen wollen. Wir beginnen mit dem Stehen und Gehen, wir beginnen mit unseren Füßen.
Unsere Füße müssen offen und uns bewußt sein. Das heißt, wir akzeptieren unser Leben, wie mühselig und schwer, wie aussichtslos es uns auch erscheint. Erst dann stehen wir fest und verwurzelt in der Erde und erst dann kann Erneuerung geschehen. Erst dann öffnen wir uns in rechter Weise zum Himmel und empfangen Licht und reinigende, heilende Kräfte.

Übung

Wir setzen uns auf einen Stuhl oder einen Hocker.
Wir sitzen auf unseren Sitzknochen. Das Steißbein muß frei sein, wir dürfen uns nicht darauf stützen: es ist ein Abflußrohr für Spannungen, die sich entlang der Wirbelsäule und im Becken aufgestaut haben.
Unsere Knie müssen tiefer sein als unsere Hüften.
Unsere Füße stehen nebeneinander auf dem Boden.

Wir legen unsere Hände auf die Oberschenkel, die Finger zu den Kniegelenken hin, die Handflächen nach unten.

Unser Schwerpunkt liegt im Becken-Kreuz-Raum, in unserer Schale.
Von da aus atmen wir ein, ganz leicht, und werden rundherum rund.
Da hindurch atmen wir aus, bis in die Haut unseres Beckenbodens. Wir bringen unseren Atem bis nahe an den Beckenboden heran, indem wir mit »fffffffff« ausatmen und uns dabei tief im Becken ganz rund vorstellen.
Das machen wir dreimal.
Dann atmen wir fünfmal aus mit »fa«.
»Fa« öffnet unsere Schale in der Tiefe, weit, wie das Becken eines Nilpferdes.
»Fa« öffnet die Hüftgelenke weit und nimmt die Spannung aus den Organen in der Tiefe unseres Unterbauches weg.

Wir atmen nun fünfmal aus mit »fu«. Der u-Laut von »fu« zieht den Gaumen hoch und rundet ihn zu einer Kuppel.
Diese Kuppelform wiederholt sich in unserem Unterbauch.
Das gibt Ruhe und Raum, bis in unsere Vorfüße hinein und sogar bis in unseren Schädel hinauf.

3 Unsere Mitte

Der Mensch bewegt sich zwischen zwei Polen: Der eine Pol ist auf die Welt hin orientiert und durch sie bestimmt: das Welt-Ich. Der andere Pol ist gerichtet auf und wird genährt durch unser Wesen: das Wesen-Ich, das auf das Göttliche hinweist und aus dem heraus es existiert.

Unsere Interessen drehen sich meistens um unser Welt-Ich; dadurch sind wir nach außen gerichtet, zur Materie hin.
Ist das Welt-Ich zu stark entwickelt, dann ist das natürliche Gleichgewicht im Verhältnis vom Wesen-Ich und Welt-Ich von Grund auf gestört. Das Welt-Ich wuchert zu einem aus eigener Macht handelnden Apparat aus, anstatt Werkzeug im Dienst des Wesen-Ich zu sein.
Dabei entsteht eine Art »Rinde«, in der die Eindrücke von außen absorbiert werden, so daß sie zum Wesen-Ich nicht durchdringen können und verkümmern. Das Wesen-Ich gerät in eine sichere Isolation. Und so werden wir fast ganz extravertiert, wir leben im Agieren in und Reagieren auf die Außenwelt.

Ein extravertierter Mensch kann völlig imstande sein, seinen Weg im täglichen Leben zu finden und in der Gesellschaft zu bestehen. Bis von tief innen heraus eine Sehnsucht in ihm aufsteigt, aus seinem inneren Wesenskern heraus zu leben und er selbst sein zu können.
Dann findet eine Umkehr statt: er muß die Richtung verändern. War er zuvor stark nach außen gerichtet, so wendet er sich nun nach innen. Er muß lernen zu entspannen, seine Spannungen loszulassen, in Harmonie und ins Gleichgewicht zu kommen. Er muß lernen, das Gleichgewicht in der Mitte seines Körpers zu finden und darin zu ruhen.
Lebt er einmal aus der Mitte seines Körpers, dann kommen alle

körperlichen Funktionen zur Ruhe; dann kommt auch sein Geist zur Ruhe, so daß er sich konzentrieren kann. Und Konzentration ist der erste Schritt in der Meditation, durch die wir wirklich in Kontakt kommen zum Wesen-Ich.
»Mitte« weist – persönlich gesehen – hin auf das, *woraus, wofür* und *wohin* wir als Subjekt leben. Das heißt, »Mitte« weist hin auf

- die Kraft, woraus wir leben,
- das Ziel, den Sinn, wofür wir uns bewegen, und
- die Erfüllung, wohin wir suchend gerichtet sind.

Diese drei Punkte bedeuten etwas anderes für den Menschen, der hauptsächlich aus seinem Welt-Ich lebt. Das Welt-Ich, die Kraft, macht es ihm möglich, sich erfolgreich in der Welt zu behaupten, im Dienst an der Gemeinschaft wertvolle, anerkannte Arbeit zu leisten, die seiner Eitelkeit schmeichelt und deren Erfüllung ihn zur Ruhe kommen läßt.
Je mehr ein Mensch auf die Welt gerichtet ist, um so mehr liegt sein Schwerpunkt in seinem Oberkörper:

- in seinem Kopf, beherrscht durch seinen Verstand
- in seinem Herzen, beherrscht durch seine Emotionen
- in der Gegend zwischen Brustbein und Nabel, beherrscht durch seinen Willen.

Durch das Verkrampftsein »nach oben« hin ist er verschlossen sowohl für seine Triebe als auch für die kosmischen Kräfte.
Ist das Welt-Ich durch inneren Widerstand zu schwach entwikkelt, dann fällt der Mensch auseinander oder bricht zusammen. Er kann sich der Welt gegenüber nicht behaupten. Er *er*lebt sein Leben nicht.
Wann ruhen wir denn in der rechten Weise in unserer Mitte? Wenn wir es wagen, uns loszulassen. Das heißt: wenn wir uns innerlich loslassen und dann aus diesem Zustand uns loslassen in unseren Gliedern. Ob wir alle Muskeln tatsächlich losgelassen haben, können wir nicht auf einmal feststellen; das kommt nach und nach beim Üben. Es geht darum, daß wir uns entspannt fühlen.

Wenn ich euch sage:
Laßt euere Kiefergelenke los,
laßt euere Schultergelenke los,
laßt euere Hüftgelenke los,
laßt euere Kniegelenke los,
laßt euere Knöchelgelenke los,
und laßt jetzt eure Zunge los,
dann fühlt ihr euch gleich anders. Spürt dies aber auch einmal bei euch selbst nach.

Viele haben Angst, sich tatsächlich loszulassen. Es fehlt ihnen das Urvertrauen, das Vertrauen ins Leben, das Vertrauen in Gott.

Sie haben das Gefühl, sie würden sich selber verlieren, wenn sie sich loslassen, und der Mangel an Vertrauen äußert sich in Verkrampftsein.

Loslassen heißt:

- geschehen lassen
- Vertrauen haben.

Wie es mit dem Loslassen bestellt ist, sehen wir an der Schulterpartie bei anderen, und wir fühlen es in unseren eigenen Schultern. Sind sie gespannt, dann hat das innere Loslassen nicht stattgefunden, wie sehr wir auch, voll guten Willens, dazu bereit sind. Solange die Schultern nicht sinken, geschieht *nichts,* kann nichts geschehen.

Die leicht hochgezogenen Schultern mit dem dazwischen eingezogenen Kopf weisen immer auf eine eingewurzelte Neigung hin, sich abzusichern. Eine Haltung, in der wir uns mit Körper, Seele und Geist von allem abriegeln, ob es nun von innen oder von außen her zu einer Veränderung der Lebenseinstellung veranlassen will.

Zu große Spannung in der Schulterpartie deutet auf Mißtrauen gegenüber der Welt hin.

Zu große Spannung in der Herz- und Magengegend weist hin auf Mißtrauen gegenüber dem Emotionalen, auf Angst vor Gefühlen, vor Liebe, vor wirklichem Zulassen des Göttlichen.

Zu große Spannung im Becken hängt mit einem Mißtrauen gegenüber der Erde, gegenüber dem Leben zusammen.
Wie lassen wir nun los, so daß wir das Loslassen auch innerlich erleben?
Wir wollen beginnen, indem wir versuchen, uns in unseren Schultern loszulassen und voller Vertrauen in den Ausatem mitzugleiten.
Wir versuchen nun, den Unterschied zu spüren zu dem, was in uns geschieht, wenn wir die folgende Aufgabe ausführen:
- Wir lassen unsere Schultern los,
- und atmen tiefer aus,
- auch etwas länger.

Und nun wiederholen wir die erste Aufgabe:
Wir lassen uns los in unseren Schultern und lassen uns voll Vertrauen nieder in den Ausatem.
Spüren wir den Unterschied?

Verkrampftsein ist, wie ich vorher sagte, ein Ausdruck mangelnden Vertrauens. Aber es gibt auch das andere Extrem: das Sichgehenlassen, das auf einen Mangel an Verantwortungsgefühl hindeutet. Zwischen diesen beiden extremen Lebenseinstellungen steht die richtige:

das Üben des bewußten Atmens,
durch das wir heimkehren zu uns selbst.

So bedeutet loslassen eigentlich: uns öffnen für das andere, für das, was zu uns kommt aus dem allumfassenden Sein.

Offen sein, um in uns zuzulassen,
so tief in uns hereinzulassen,
daß es bleibt in uns,
wohnt in uns,
von der Tiefe aus uns formt.

Übung I

Zu wenig sind wir uns der Notwendigkeit bewußt, unsere Wirbelsäule geschmeidig zu erhalten. Je empfindsamer und elastischer unsere Rückenmuskeln sind, um so freier und lebendiger fühlen wir uns.
Wir stellen uns hin, die Füße in Hüftweite auseinander, die Arme hängen entspannt an den Seiten herunter.
Wir schauen gerade vor uns hin und atmen ein.
Mit dem Ausatem beugen wir uns aus der Mitte heraus langsam nach vorn und lassen uns vornüberhängen, die Hände locker zum Boden hin.
Wir atmen ruhig durch.
Es geht nicht darum, wie weit wir uns vornüberbeugen können, sondern daß wir, während wir uns langsam bewegen und einfühlen, darauf achten, was sich in uns verändert, an unserem Oberkörper und an unseren Beinmuskeln.
Auch wie unser Blut anders fließt, wie das Gewebe sich anders lagert, unser Gewicht sich anders verteilt, wie wir gleichsam »länger« werden.
Durch das Ausstrecken spüren wir eine neue Spannkraft, die angenehm ist.
Bleiben wir aber zu lange in vornüberhängender Stellung, kann ein unangenehmer Blutstau entstehen. Auch können durch das Bücken bestimmte Organe eingeklemmt werden.

Wir atmen ein und richten uns von unserer Mitte aus wieder auf. Wir atmen ruhig ein und aus. Wir fühlen uns nun doch anders: gelöster und lebendiger.

Dann beugen wir uns mit dem Ausatem, von unserer Mitte aus, wieder nach vorn.
Wenn wir aufmerksam sind, spüren wir deutlich alle Veränderungen. Wir achten nicht nur auf unseren Oberkörper und unsere Beine, sondern auf unseren ganzen Körper.
Wenn wir erst einmal aushängen, fühlen wir ein immer feineres

Gleichgewicht zwischen Ausstrecken und Zusammendrücken. Dadurch bekommen wir eine Vorstellung von dem subtilen Zusammenwirken zwischen Muskeln und Organen, wobei die einen nicht auf Kosten der anderen funktionieren.
Wir nehmen uns die Zeit, um das alles in Ruhe zu fühlen. Und wir werden merken, daß wir uns dabei immer besser fühlen.
Nach dem Vornüberhängen wieder aufrecht zu stehen, ist eine neue Erfahrung.
Wir müssen schon getreu üben und besonders zwischen Hängen und Stehen auf unseren Atem und auf die Verbindung mit der Erde achten. Gelingt uns dies, dann öffnen sich alle Kanäle zwischen Rücken und Schultern, Bauch und Brust, Nacken und Kopf. Dann strömt Kraft durch uns hin, und wir erfahren: ich stehe.
Das machen wir fünfmal.

Übung II

Nun beugen wir uns, während wir ausatmen, aus unserer Mitte heraus langsam nach hinten. Die Arme hängen entspannt an den Seiten herunter.
Immer weiter lassen wir uns entspannt nach hinten hängen: unseren Kopf, unseren Nacken, unsere Schulterpartie, unseren Rücken. Aus unserer Mitte heraus. Der Mund ist leicht geöffnet.
Das ist ein Strecken des Menschen nach oben, weg von der Erde. Unsere Beine und Füße sind die Verbindung nach unten, zur Erde hin.
Wir atmen ruhig ein und aus.
Wir erfahren die Verbindung unserer Mitte mit unseren Füßen.
Wir fühlen, wie unser Kopf mit entspannt, zusammengeht mit unserem Beckenboden und unseren Fußsohlen.
Langsam richten wir uns aus der Mitte heraus auf: Rücken, Schulterpartie, Nacken, zum Schluß den Kopf.

Wenn unser Kopf wieder aufrecht auf der Wirbelsäule steht, fühlen wir die Veränderung.
Wir atmen ruhig durch und fühlen die Verbindung: Kopfhaut – Beckenboden – Fußsohlen. Wir fühlen Wirbel nach Wirbel, jeden Teil unseres Körpers wieder an seinem Platz. Erfrischt und gerade.
Jetzt stehe ich!
Dieses Stehen soll immer wiederholt werden, ganz bewußt, nuanciert, sich ordnen aus der Tiefe unserer Mitte, von der Wirbelsäule aus: unserer Säule.
Aus unserer Mitte heraus mit offenen Füßen auf der Erde, aufrecht stehen, verbunden mit dem Himmel.
Das machen wir fünfmal.

4 Sitzen

Im Gegensatz zu den Sitzgewohnheiten in vielen anderen Ländern sitzen wir im Westen auf Stühlen.
Dadurch ist unser Becken weniger elastisch geworden. Die Muskeln des Rückens und der Oberschenkel sind steifer und widersetzen sich durch schmerzhafte Verkrampfungen dem Sitzen auf der Erde. Auch unsere Beine und Knöchel haben Mühe mit dieser Haltung.
Unsere westliche Art des Sitzens hat denn auch eine weniger günstige Wirkung auf unseren Körper. Auch können wir uns weniger leicht hinhocken, bücken usw.
Deshalb ist es unbedingt sinnvoll, wann immer wir sitzen, gut sitzen zu lernen.

Übung

Wir nehmen einen Hocker aus Holz und setzen uns auf unsere Sitzknochen, das Steißbein frei, die Knie tiefer als das Becken, die Füße nebeneinander auf dem Boden. Unsere Hände liegen auf unseren Schenkeln mit den Handflächen nach unten.
Wir richten nun unsere Aufmerksamkeit auf den Kontakt zwischen unserem Gesäß und der Sitzfläche des Hockers.
Wir lassen uns mehr und mehr senkrecht nieder – sozusagen bis in den Sitz unseres Hockers.
Aus diesem Sitz strecken wir uns nach oben.
Wir bewegen uns ein wenig nach vorn und ein wenig vom Sitz hoch – wieder hinsetzen und ganz deutlich die Begegnung fühlen, das Einswerden unserer Sitzfläche mit dem Sitz des Hockers.

Nun legen wir unsere linke Hand unter unsere linke Gesäßbacke mit der Handfläche auf dem Sitz des Hockers. Wir setzen uns nun auf unsere linke Hand und auf die rechte Gesäßhälfte. Wir fühlen deutlich links einen kleinen harten Knochen, der auf unsere Hand drückt.
Danach legen wir auch die rechte Hand unter die rechte Gesäßbacke mit der Handfläche auf dem Sitz. Wir sitzen auf beiden Händen.
Wir bewegen uns hin und her, von vorne nach hinten. Wir verteilen das Gewicht vom Gesäß zuerst auf die eine Hand, dann auf die andere.
Wir fühlen deutlich die beiden Sitzknochen.

Nun nehmen wir die Hände weg und fühlen erneut, wie wir tatsächlich auf unseren Sitzknochen sitzen. Wir nehmen wahr, wie wir unser Gewicht gleich und ungleich verteilen können.
Wie wir auf den Sitz des Hockers mehr oder weniger Druck ausüben können. Und auch auf unser Gewebe.
Wir können uns auch auf unseren Sitzknochen hin und herschieben – nach vorn, nach hinten und seitwärts.
Wir erkunden dabei unseren Hocker und spüren ein deutliches Wahrnehmungsvermögen unseres Beckens.

Nun setzen wir uns auf den Rand des Hockers.
Unsere Oberschenkel fühlen sich, vom weit geöffneten Becken aus, frei und offen an.
Unsere Beine und Füße stehen entspannt und offen auf dem Boden.
Wir schließen die Augen und »tasten« uns innerlich ab, wie sich alles anfühlt.

Wir öffnen die Augen wieder und setzen uns aufrecht hin.
Wie fühlt sich das an? Wie fühlt sich unser Rücken jetzt an? Unser Nacken?
Wir werden müde in dieser Haltung.
Wir lassen los und sinken, ohne zu übertreiben, etwas ein.
Auch dabei fühlen wir uns nicht angenehm. Wir können nicht gut

atmen. Unser Magen hat nicht genug Platz. Im Rücken spüren wir Schmerzen. Unser ganzer Körper verspannt sich.

Wieder schließen wir die Augen.
Wieder wenden wir uns nach innen und »tasten« ab. Wo haben wir mehr Raum nötig?

Nun beginnen wir ganz langsam und einfühlend, uns auf dem linken Sitzknochen zu drehen, links herum, gegen den Uhrzeigersinn.
Das machen wir fünfmal.
Dann fühlen wir nach innen. Was ist anders geworden?

Danach drehen wir nach rechts, mit dem Uhrzeiger.
Auch das machen wir fünfmal.
Wieder fühlen wir nach innen. Was hat sich verändert?

Anschließend machen wir dasselbe auf dem rechten Sitzknochen, als wäre er der Drehpunkt eines Kreisels. Nach links und nach rechts.

Nun drehen wir uns auf beiden Sitzknochen. Erst fünf Kreise nach links, dann fünf Kreise nach rechts.
Wir fühlen, wie unser Becken ganz weit und rund wird, lebendig und warm.
Es ist Raum für den Atem da, für jedes Organ; Raum auch zwischen Körper und Haut: nach vorn und nach hinten vom Becken aus zur Sitzfläche des Hockers hin.

Unsere Hände, die schwer und entspannt auf den Oberschenkeln lagen, heben wir nun über unseren Kopf hoch und lassen sie leicht auf unseren Haaren ruhen.
Wir fühlen, wie aus unseren Händen Strahlung einströmt – bis tief in unser Becken hinein, durch die Beine hindurch zu unseren Füßen und Zehen.
Wir fühlen subtile Veränderungen.

Ganz wach verfolgen wir, was in uns und durch uns hin geschieht.
Dann legen wir unsere Hände zurück auf die Oberschenkel.

Aus der Tiefe unserer Mitte drehen wir uns nun in immer weiter werdenden Kreisen auf unseren beiden Sitzknochen herum, links herum, gegen den Uhrzeigersinn.
Mit dem Ausatem summen wir leise aus der Tiefe unseres Beckens heraus »A-u-m«.
Dann kehren wir, »Aum«-summend, in immer kleiner werdenden Kreisen zurück zu unserem Kern und sitzen von da aus aufrecht.
Wir wenden uns still nach innen, um die Veränderung zu spüren.
Dann machen wir dasselbe nach rechts, im Uhrzeigersinn, und versuchen, deutlich zu fühlen, ob beide Körperhälften, links und rechts, gleich offen sind.
Wir fühlen, wie unser Kopf und unsere Augen wacher und lebendiger geworden sind.

Wir nehmen wahr, wie unser Körper seine Spannungen losgelassen hat und in der Tiefe des Beckens ruht, im Einssein von Beckenboden und Hockersitz.
Wir erfahren die wärmende, befreiende, öffnende Kraft von der Tiefe aus durch uns hin. Wir fühlen, wie unsere Wirbelsäule wie ein kräftiger Baumstamm in der Tiefe unseres Beckens verwurzelt ist.

Nicht nur in der Art, wie wir stehen, sondern auch, wie wir sitzen, geht es um das Gleichgewicht zwischen Spannung und Entspannung, zwischen Gespanntsein und Sichloslassen.
Dabei handelt es sich nicht einfach um körperliches Loslassen von Muskeln, sondern darum, auf die rechte Weise innerlich loszulassen zur Erde hin, um den Mut zum Loslassen – ohne Mißtrauen, ohne Furcht davor, was das Leben uns noch bringen wird.

Es geht um das Wagnis der Übergabe. Und dabei müssen wir uns zurücknehmen und die Idee fallen lassen, daß wir alles selbst tun müssen.
Diese Übergabe, dieses Loslassen, ist ein inneres Geschehen, bei dem zugleich unverbesserliche, eingefleischte Fehler sich nach und nach auflösen.
Dabei wirken Körper und Seele zusammen.
Loslassen heißt: den Schwerpunkt des Welt-Ich, der zu hoch liegt, herabsinken zu lassen bis in die Tiefe des Beckens.
Durch dieses Loslassen verschiebt sich der Akzent vom Einatem zum Ausatem, die vorherrschende Brustatmung geht über in die Zwerchfellatmung und schließlich bis in die Tiefe unserer Mitte.

Diese Übungen sind wichtig. Sie bereiten uns auf die Übergabe vor; aber das wirkliche Loslassen vollbringen sie nicht für uns.
Das ist ein kontinuierlicher persönlicher Prozeß. Dabei müssen wir auf die Frage antworten: »An wen übergebe ich mich?« Wenn wir uns auf diese Weise innerlich absolut loslassen, ich sollte fast sagen: mit Haut und Haaren uns übergeben, öffnen wir uns für das andere, für das Leben, für Gott.

Herr, gib mir, was mich führt zu Dir.
Herr, nimm mir, was mich trennt von Dir.
Herr, nimm mich mir und gib mich ganz zu eigen Dir.

Nikolaus von Flüe
(1417–1487)

5 Atmen

Die Atmung ist die für unser Leben wichtigste Funktion unseres psychischen Organismus.
So wäre es denn auch ein großer Irrtum, das Atmen als einen rein körperlichen Vorgang anzusehen.
Früher hatte man ein tiefes Verständnis für den besonderen Charakter der Atmung. Man sah in ihr nicht so sehr eine körperliche Funktion als vielmehr das Instrument, mit dem wir die kosmische Energie aufnehmen. Lernen wir, den Atem bewußt zu handhaben, mit ungeteilter Aufmerksamkeit und ohne selbstsüchtige Absicht, dann sorgt die Atmung dafür, daß unser ganzer Körper mit vitaler Energie versorgt wird.
Das Atmen ist aber noch mehr: es ist die Gebärde des Menschen, in der er sich öffnet und wieder schließt. Dies führt endlich zur völligen Erneuerung des Menschen.
Govinda sagt in »Der Rhythmus des Lebens«, einem seiner Meditationsgedichte aus der Sammlung »Mandala«:

> Dreifach ist der Rhythmus des Lebens:
> nehmen
> – geben
> – sich selbst vergessen.
> Einatmend nehme ich die Welt in mich auf.
> Ausatmend gebe ich mich an die Welt.
> Leergeworden lebe ich in mir selbst –
> lebe
> – ohne Selbst
> – in vollkommener Leere.
> Einatmend nehme ich die Welt in mich auf.
> Ausatmend gebe ich mich der Welt.
> Leergeworden erfahre ich die Fülle.
> Formlos, bin ich Form.

Es ist notwendig, daß wir unseren Körper als eine geschaffene Einheit erfahren, die sichtbar Zeugnis ablegt von den besonderen, unser Wesen formenden Kräften. Dann wird unser Körper zu unserem Tempel, durch den wir am Kosmos teilhaben und mit ihm verbunden sind. Der kosmische Atem, der alles be-atmet und alles durch-atmet, also auch uns, läßt uns Teil sein von allem, was *ist*.
Je bewußter wir das Aufgenommensein in den Kosmos erfahren, um so größer wird die Harmonie zwischen der Welt in uns und der Welt um uns herum, zwischen der individuellen und universalen Welt, bis sie schließlich ineinander aufgehen und einswerden.

Übung I

Wir ziehen uns zurück an einen Platz, wo wir nicht gestört werden können, auch nicht durch das Läuten des Telefons, so daß wir unsere volle Aufmerksamkeit dem Atmen widmen können.
Wir setzen uns hin,
auf unsere Sitzknochen, das Steißbein frei,
die Knie tiefer als die Hüften,
die Wirbelsäule aufrecht,
das Kinn etwas angezogen,
so daß die Ohrläppchen genau über der Schulternaht sind und unser Scheitel von selbst nach oben, zum Himmel, weist.
Schultern, Arme, Hände locker,
der Akzent liegt in der Tiefe unseres Unterbauchs.

Nun folgen wir unserem Einatem: »Leicht atmend werde ich rundum rund«.
Dann unser Ausatem: wir lassen los durch die Tiefen des Beckens hin, lassen den Atem durch Beine und Füße hin verfließen.
Vielleicht wird der Einatem etwas zu lang sein im Verhältnis zum Ausatem, aber das schadet jetzt nicht. Indem wir mit unserer ganzen Aufmerksamkeit innerlich dem Atem folgen, ohne den

Rhythmus zu verzögern oder zu steuern, atmen wir nicht nur bewußt, sondern wir verwandeln und entspannen auch die Organe, die der Atem durchströmt.
Schließlich folgt die Beruhigung aller Körperfunktionen. Das erfahren wir in der Meditation.
So wird das Üben des Atmens zu einer Beschäftigung mit und einer Erfahrung von Körper, Seele und Geist.

▸ Wie hier beschrieben – so sollte es sein. Jedoch ist leider die Atmung für die meisten Menschen nur ein körperlicher Vorgang, ein Aufnehmen und Ausblasen von Luft.
Am häufigsten werden die folgenden Fehler gemacht:
1. *Wir atmen nicht vollständig aus:*
Dadurch entsteht eine Blockade zwischen Brustkorb und Beckenraum. Der Blutkreislauf wird erschwert, wodurch das Herz in seiner optimalen Zufuhr und Abfuhr beeinträchtigt wird. Wir fühlen uns ermüdet, beengt, weniger leistungsfähig.
2. *Wir atmen nicht von der Mitte des Körpers, von unserem Becken aus:*
Auch dann entsteht eine Blockade. Die Organe im Becken liegen in der Kälte. Ihre Ab- und Zufuhr ist unzureichend, sie verkrampfen sich und können deshalb nicht richtig funktionieren. Sie werden schmerzhaft, und wir fühlen uns krank.
3. *Der Akzent liegt zu stark auf dem Einatem, und wir halten den Einatem zu lange fest:*
Die Brustmuskeln übernehmen die ursprüngliche spontane Bewegung des Zwerchfells. So entsteht eine Atmung, die bewußt oder unbewußt durch uns selbst verursacht wird, während wir bei der Zwerchfellatmung, die gewissermaßen von selbst geschieht, nicht direkt beteiligt sind. Die erste Art zu atmen, die Brustatmung, ist somit eine Frage des Willens. Die zweite, die Zwerchfellatmung, ist eine Frage des Geschehenlassens, der Übergabe.

Wenn wir zu hoch ein- und ausatmen, stehen wir unserer Selbstverwirklichung im Weg. Dieses falsche Atmen weist nämlich

nicht allein auf ein körperlich falsches Funktionieren und eine körperlich falsche Haltung mit eingezogenen Schultern hin, sondern zeigt auch an, daß wir als ganzer Mensch nicht geordnet sind.
Wir haben, wenn der Akzent in uns zu hoch liegt, keine Verbindung mit unserer Schale. Dann entsteht Angst, häufig auch Panik. Uns fehlt das Urvertrauen, weshalb wir der Außenwelt mißtrauisch begegnen und versuchen, uns in bezug auf die Welt so sicher wie möglich hinzustellen.
Eigentlich ist es ganz einfach, das richtige Atmen, wenn wir es einmal bewußt gefühlt und getan haben:

- uns loslassen in den Ausatem und ganz ausatmen,
- und dann den Einatem von selbst kommen lassen.

Wir lassen zuerst all das los, was nicht in uns gehört, und schaffen Platz für das, was neu kommt mit dem Einatem:
Dann geschieht Erneuerung in uns. Wenn wir dies treu üben und durchhalten, lösen wir uns aus dem hoch Aufgestautsein, aus Verspannung und Verkrampfung und werden in der Tiefe unserer Schale mit unserem Wesen verbunden.
Das ist eine Tat der ganzen *Person*. Erst dann erleben wir, daß wir in unserem Kern mehr sind, als wir jemals vermuteten.

Wir lernen uns in der Ausatmung als Mensch zu geben. Viele werden dabei ängstlich, weil ihnen das Vertrauen in das Leben fehlt. Sie befürchten, sich in der Tiefe zu verlieren.
Denken wir nur einmal an den bekannten Stoß unmittelbar vor dem Einschlafen. Das ist das Ich, das sich beim Einschlafen eigentlich fürchtet, einzuschlafen.

Durch das völlige Ausströmenlassen des Atems öffnen wir uns für die hereinströmende Luft.
Das richtige Einatmen wird aus dem Ausatem geboren. Wenn wir das auf einer tieferen Ebene erleben, wird Einatmen zur Inspiration, zur Eingebung.
Haben wir gelernt, uns loszulassen in den Ausatem, dann machen wir im Einatem neue Erfahrungen:

- Standhaftigkeit
- Freude an der Arbeit
- Offensein für andere mit mehr Verständnis, und
- weniger schnell gekränkt sein.

Wir neigen weniger schnell dazu, Kritik zu üben oder Vorwürfe zu äußern. Wir finden uns wieder, fühlen uns leichter, freier, fröhlicher, mehr in Form.

Aus dem Vorherigen ergibt sich, wie wichtig die Atmung für unseren ganzen Organismus ist, ob wir nun bewußt oder unbewußt atmen.

In unserem Atmen verbinden wir Körper, Seele und Geist. Wir stellen damit auch die Verbindung her zwischen dem Bewußten und Unbewußten in uns.

Die grob- und feinstofflichen Funktionen, die autonom in uns geschehenden und die mit unserem Willen ausgeführten – sie alle sind abhängig von anderen Funktionen, und ihr Wert wird mitbestimmt durch ihre Verbindung mit allen anderen Körperfunktionen. Dabei spielt die Atmung eine zentrale Rolle.

Auf diese Weise lernen wir erneut, unseren Körper als etwas Ganzes zu erfahren, eine Ganzheit, die wir als unser irdisches Haus bewohnen. Ja, mehr noch, wir lernen unseren Körper zu erfahren als den stofflichen Ausdruck, die Materie unseres Wesens, als das, was wir wirklich *sind*.

Wenn wir uns dem Rhythmus unserer Atmung übergeben, erfahren wir nach langem und treuem Üben: Es atmet in mir. Dann werden wir uns auch der formenden Kräfte des Unbewußten und der Möglichkeit der Transformation unseres Körpers, unserer Seele und unseres Geistes bewußt.

Übung II

Wir legen uns auf unseren Rücken auf den Boden; ein kleines Kissen unter den Kopf und ein weiteres unter die Knie; unsere Füße etwas auseinander.
Die Hände liegen auf dem Unterbauch, etwa drei Querfinger oberhalb des Schambeins.
Wir schließen die Augen, so daß wir uns besser auf die heilenden Energieströme konzentrieren können, auf die Bahnen, in denen die Energie fließt, und auf die Quelle, aus der sie aufquillt.
Wir lassen uns in diesem Strom mitgehen und übergeben uns dabei.
Wir atmen ruhig ein und fühlen uns rundherum rund werden – ein Weitwerden zwischen den Zentren unserer Hüften, horizontal weit.
Diese horizontale Linie kann sich erst dann ausbreiten, wenn wir die Senkrechte – das ist die Linie, an der der Ausatem entlanggeht – zu erleben gelernt haben.
Die senkrecht verlaufende und die horizontale Linie finden ihren Schnittpunkt tief in unserem Unterbauch und bilden so ein Kreuz.
Es geht um diesen deutlich wahrnehmbaren Schnittpunkt.

Wach im Hier und Jetzt verfolgen wir, von wo aus in der Tiefe wir einatmen und weit werden. Wir verfolgen, wie der Ausatem durch die Tiefen hindurchströmt, von unserem Scheitel bis zur Mitte unserer Füße.
Bei jedem folgenden Ein- und Ausatem fühlen wir deutlicher den Kreuzpunkt in der Tiefe, bis wir ihn kennen und den ganzen Tag hindurch nicht mehr verlieren.
Aus diesem Punkt in unserer Schale strömt die Kraft in die Peripherie. Aus diesem Punkt in unserer Schale richten wir Menschen uns auf.
Dieses »atmende Kreuz« wird durch den Atem getragen, und wir stehen darin aufrecht den ganzen Tag hindurch.

Darum müssen wir diese Übung auch im Stehen machen, mit den Füßen in Hüftweite auseinander.
Das »atmende Kreuz« muß lebendig in uns sein und es den ganzen Tag hindurch bleiben.
Durch den breiten Querbalken des Kreuzes sind wir fest verwurzelt in der Erde, und wir ruhen in der Tiefe dieses Querbalkens.
Von daher, aus unserem Becken-Bauch-Kreuzraum, unserem mütterlichen Raum heraus, können wir die Haltung der Welt uns gegenüber ertragen und aushalten, bis auf den Grund anschauen und dann loslassen. Im Querbalken des atmenden Kreuzes wird unser Dunkles verwandelt in Licht.
Der Längsbalken läßt uns aufrecht stehen, uns selbst und der Welt gegenüber. Wahrhaftig.
Unsere Quelle strahlt warm nach außen. Diese Strahlung ist für uns gleichzeitig ein Schutz: das Negative dringt nicht so leicht nach innen.

Lebend aus dem »atmenden Kreuz«, stehen wir mit geöffneten Füßen auf der Erde,
nehmen wir unser Leben an, wie es ist,
übernehmen wir unseren Auftrag.
Wir verbinden
  oben und unten,
  rechts und links,
  Yang und Yin.

6 Unsere Hände

Wir Menschen sind nicht als für uns allein lebende Wesen geschaffen. Das drückt sich schon in unserem Körperbau aus: wir haben Arme und Hände, um zum Mitmenschen hinreichen zu können.
Es ist ein Urimpuls des Menschen, tief aus sich selbst heraus zu demjenigen hinzureichen, der ihm am nächsten gegenübersteht und mit dem er sich verbunden fühlt. Unser Wesen greift aus zu anderen, um das zu erfahren, was wir selbst zu entbehren meinen.

Solange wir uns selbst nicht kennen, umfassend, in unserer Ganzheit, solange

- projizieren wir auf den anderen
- erwarten wir etwas vom anderen
- leben wir aus dem anderen.

Wir projizieren, weil wir uns nicht bis in die Tiefe hinein kennen, viele unserer negativen Gefühle auf den anderen, wir dichten ihm die »Antwort« auf unsere Gefühle an. In unserer Angst sehen wir den anderen als Angreifer. In unserem Mißtrauen denken wir, daß der andere sein Wort nicht hält. Aus unserer Schwäche heraus meinen wir, der andere sei ganz stark.
Wir erwarten vom anderen eine Ergänzung unserer Unzulänglichkeit.
Wir leben aus dem anderen in unserem eigenen Unsichersein.
Wie können wir an uns arbeiten, um hier Veränderung herbeizuführen?
Durch treues und beständiges Üben, durch bewußtes Arbeiten an der richtigen Atmung. Durch das Ausatmen in die Tiefe unserer Mitte hinein verbinden wir uns mit unserem Wesen-Ich, mit dem großen Ich.

Dann wird Dunkles in uns umgewandelt in Licht, und die im Licht vorhandene Energie reinigt uns.
So wird unsere Seele in ihrer Tiefe der Ort, an dem wir uns geborgen fühlen. Dies ist der Raum im Körper, wo das ungeborene Kind getragen wird, und auch der Ort, an dem ein Mensch zum »neuen Menschen« wird.
Da hinein können wir uns zurückziehen, darin uns wiederherstellen, erneuern, von da aus neu geboren werden.
Das führt dahin, daß wir uns einsfühlen mit dem Leben, mit Gott, und den Auftrag unseres Lebens annehmen.
Dieser Auftrag kann sehr schwer sein. In unserer Entwicklung gehen wir durch verschiedene Phasen hindurch. Unser Auftrag hält damit Schritt. Doch wir sind unseren Aufgaben gewachsen, denn immer mehr begegnen wir auch jenem Teil unseres Wesens, der uns die Möglichkeit und die Kraft gibt, weiterzugehen.

Das Ausgreifen zum anderen hin beginnt meistens mit den Augen: einander wirklich sehen, von tief innen heraus.
Mit unseren Armen und Händen wenden wir uns zum anderen: indem wir ihm die Hand geben, ihn umarmen oder berühren, anfassen und festhalten, um seine Aufmerksamkeit auf uns zu ziehen.
Im Hinreichen zum anderen, im Ausgreifen unserer Hände erleben wir zugleich auch, wo wir selbst stehen.
Indem wir uns zum anderen hinwenden, erfahren wir uns selbst.
Jede Gebärde spiegelt innere Haltung und gibt den Zweck an. Es kann eine schöne und harmonische Gebärde sein oder eine verkrampfte und verzerrte, je nach unserem inneren Zustand.
Wir kennen verkrampfte Hände, hart wie Holz. Finger, die nicht loslassen wollen, sei es aus Angst, aus Gier oder aus einem Gefühl der Macht.
Werden wir uns dessen bewußt und lassen wir unsere Hände los, dann beginnt sich alles in uns zu entspannen, sowohl innerlich als auch äußerlich.
Unsere ganze Haltung verändert sich und mit ihr verändern sich auch unsere Gebärden.

Übung I

Wir setzen uns auf die bekannte Weise hin.
Wenn wir unsere Arme und Hände jetzt nach außen drehen, die Handflächen nach oben, dann fühlen wir, wie unser Brustkorb weiter wird und wir freier atmen.
Nun drehen wir unsere Arme und Hände zurück und lassen sie locker am Körper herunterhängen. Wir versuchen, die Veränderung in uns zu spüren.
Nun drehen wir unsere Arme und kippen unsere Hände nach hinten, die Handflächen nach oben.
Unsere Schultern lassen wir los.
Wir atmen ruhig und rhythmisch durch.
Dann drehen wir zurück, bis Arme und Hände wieder locker und entspannt am Körper herunterhängen.
Wenn wir diese Übung siebenmal gemacht haben, spüren wir nach, was sich verändert hat.

Nun legen wir unsere Hände vor uns auf den Tisch, und wir nehmen wahr, wie wir das tun – vorsichtig tastend oder mit den Handflächen, vertrauensvoll in einer einzigen Bewegung.
Lassen wir uns in dieser Gebärde auch innerlich los, ohne ängstliche Unsicherheit?
Aus dem Gefühl innerer Geborgenheit sind unsere Hände stets warm, voll strahlend und fähig, Wärme weiterzugeben.
Wenn wir unsere Hände entspannen wollen, bringen wir Raum zwischen Haut und Handrücken, zwischen Haut und Oberseite der Finger, zwischen Haut und die Zwischenräume zwischen den Fingern.
Wir fühlen, wie unser Kopf mit entspannt.
Es wird heller und geräumiger in unserem Kopf, weil unser Kopf und Rücken über unsere Hände miteinander verbunden sind.
Bringen wir Raum zwischen Haut und Handflächen, zwischen Haut und Innenseiten der Finger, zwischen Haut und die Zwischenräume zwischen den Fingern, dann entspannen sich die Organe in unserem Körper.

▸ Hände sind zu allen Zeiten eine Quelle der Inspiration und Information gewesen.
Außer daß unsere Hände mit ausdrücken und betonen, was wir sagen, spielen sie auch eine Rolle im kreativen Tätigsein. Sie geben unsere inneren Gefühle wieder und verbinden dadurch unsere Innenwelt mit der Welt außen.
Hände trösten und lindern.
Hände bitten, nehmen, geben, beten, beschwören, wehren ab.
Hände kneten, winken, streicheln, schlagen, usw.
Taube Menschen haben mit Hilfe ihrer Hände eine eigene Sprache entwickelt.
In der Musik übersetzen unsere Finger die Gefühle des Komponisten, die er uns mitteilen will.
Unsere Hände können heilen, doch dann müssen wir gereinigt sein. Und nur dann sind unsere Hände rein und frei von Spannungen, wenn wir aus der Tiefe unseres Beckens, von unserer Schale aus, atmen und da sind.
Allein von da aus sind unsere Füße zur Erde hin offen und ist unser Kopf geöffnet zum Himmel.
Dann sind wir in Harmonie.
Nur so können die heilenden, reinen Kräfte durch uns hinströmen und durch die Hände den anderen erreichen.
Gibt uns jemand die Hand, der intellektuell vom Kopf her die Dinge erlebt, dann wird seine Hand kalt sein. Doch nicht allein die Hand ist kalt, es kommt auch durch diese Hand nichts zu uns.
Eine Hand von jemandem mit einem warmen Herzen strahlt auch zu uns Wärme durch. Aus einer solchen Hand strömt etwas über in unsere Hand, und es findet eine Begegnung zwischen zwei Menschen statt.
Die Möglichkeit, eine solche Begegnung zu erleben, besteht nicht, wenn wir keine Verbindung zwischen Kopf und Herz hergestellt haben. Dann sind wir nämlich kalt und berechnend, und unsere Hände können keine Wärme weitergeben.
Unser Kopf ohne unser Herz ist kalt, während unserem Herzen ohne Kopf die Zielorientierung fehlt.

Bringen wir unser »denkendes« Ich aus unserem Kopf zu unserem Fühlen hin und in die tiefe Wärme unserer Schale, dann schmilzt die Kälte. Und schließlich machen das denkende und fühlende Ich zusammen einen neuen Menschen aus uns.

Übung II

II.1

Wir setzen uns auf einen Hocker, wobei unsere Knie tiefer sind als unsere Hüften.
Wir setzen uns auf unsere Sitzknochen, das Steißbein ist frei. Wir legen die Hände auf die Oberschenkel mit den Handflächen nach unten.
Wir lassen uns mehr und mehr senkrecht in die Sitzfläche des Hockers nieder.
Von da aus werden wir nach oben hin innerlich gerade. Das Kinn ist angezogen, der Scheitel weist zum Himmel.
Schultern, Arme und Hände sind locker.
Unser Schwerpunkt liegt in der Tiefe unserer Schale.

Nun widmen wir unsere ganze Aufmerksamkeit unserer Schale und ihrer Tiefe.
Wir bewahren die Schale in uns ganz ruhig und beobachten die Atmung: wie sie kommt mit dem Einatem und wieder geht mit dem Ausatem.
Kommt und wieder geht.
Kommt und wieder geht.
Wir fühlen uns horizontal in der Einatmung.
Und dann fühlen wir uns vertikal in der Ausatmung.
Horizontal – vertikal.
Horizontal – vertikal.
Horizontal – vertikal.
Wir atmen das Kreuz.
Nun atmen wir weit das Licht ein.

Beim Ausatmen erleben wir: »Ich verlagere die Schwere aus meinem Kopf in die Weite meines Brustkorbs, bis tief hinein in die Wärme von Hara.«
Beim Einatmen: »Weit atme ich das Licht ein.«
Während wir dies ständig in uns wiederholen, sinken wir mit dem Strom mit, aus dem Kopf, durch unseren Brustkorb, durch unser Becken, hin zum Beckenboden.
Immer wieder.
Genauso lange, bis »Es« durch uns hin atmet und »Es« durch uns hin losläßt.
Und das Loslassen müssen wir erfahren – durch unseren Nacken und unsere ganze Wirbelsäule hindurch.
Immer mehr fühlt sich unser Kopf leicht und geräumig an.
Immer schwerer wird unser Körper.
Wir fühlen uns pyramidenförmig.
Wir bleiben noch eine Viertelstunde so sitzen und atmen ganz ruhig.
Dann schlucken wir und blinzeln mit unseren Augen.
Wir bewegen von unserer Schale aus unsere Hände und Füße.
Wir waschen die Hände trocken und lassen die Schultern kreisen.
Wir streichen mit unseren Händen gerade über unser Gesicht.
Dann legen wir unsere Hände zurück auf die Oberschenkel und fühlen, wie aus der Tiefe unserer Schale der Einatem hochkommt und rundum rund wird. Und wie dann der Ausatem durch uns hinströmt – bis zur Mitte unserer Füße.
Kommt – und wieder geht.
Kommt – und wieder geht.
Wir erfahren deutlich die Weite rundherum, die Weite unserer Schale und ihre Kraft.
So gefüllt, nehmen wir unsere Schale mit in den Tag und leben von daher.

II.2
Wir setzen uns auf die Sitzknochen, das Steißbein bleibt frei, wie bei der vorigen Übung.

Die Hände liegen auf den Oberschenkeln mit den Handflächen nach unten.
Wir atmen von unserer Schale aus ruhig und rhythmisch durch.
Wir verbinden die zwei Sitzknochen und das Steißbein zu einem Dreieck, von dem das Steißbein die Spitze bildet.
Dieses Dreieck wird das »heilige Dreieck« genannt, weil die Strahlung, die von ihm ausgeht, uns sowohl nach oben als auch nach unten zu den Füßen hin öffnet.
Wenn wir vom heiligen Dreieck aus leben, sind wir heil und ganz, sind wir Person, gesund, in Harmonie.
Von da aus können wir auch heilend für andere da sein.
Wir lassen diese drei Stützpunkte unseres Beckens sich in der Sitzfläche des Hockers verwurzeln.
Wir geben diesen Wurzeln eine Farbe und folgen ihnen innerlich tief in den Sitz hinein.
Gleichzeitig nehmen wir wahr, was durch uns hin geschieht, was an Spannungen und Müdigkeit, Krampf und Schmerzhaftem von uns geht.
Wir fühlen die Einheit unserer Sitzfläche mit dem Sitz des Hockers.
Rein, geordnet und voller Energie schauen wir durch unsere Hände hin.
Wir nehmen wahr, wo Spannung ist und auch wo die Energieströme ungehindert hindurchfließen.
Immer mehr verändern sich unsere Hände. Sie werden rein und transparent.
Wir fühlen die Verbindung des heiligen Dreiecks mit den Dreiecken in unseren Händen: unten an der Maus der Daumen fühlen wir die Spitze des Dreieckes. Der eine Schenkel geht zum ersten Knochen unseres Daumens, der andere zum ersten Knochen unseres kleinen Fingers. Die fächerförmige Basis wird durch sämtliche ersten Knochen unserer Finger gebildet.
Wir fühlen die Verbindung der Spitzen der Dreiecke in unseren Händen zur Spitze des heiligen Dreiecks, unserem letzten Steißbeinwirbel.

Wir erfahren das Zusammenfallen der Dreiecke in den Händen mit dem heiligen Dreieck in der Tiefe unserer Schale.
Nun fühlen wir auch, wie eng Hände und Füße verbunden sind. Unsere Füße haben ganz und gar mitgemacht.

Wir wissen nun, daß die Bauch-Becken-Gegend, unsere Schale, direkt mit unseren Füßen und Händen verbunden ist.
Und mit unserem Kopf: wir fühlen die »Tonsur«-Stelle auf unserem Kopf.
Durch diese Stelle strömt Licht und Kraft vom Himmel in uns hinein, vorausgesetzt, unsere Füße sind offen zu der Erde hin.

Wir sind uns unserer Hände nun recht bewußt und fühlen, daß sie wirklich gereinigt sind.
Erst mit so gereinigten Händen dürfen wir eigentlich den anderen berühren, massieren, zart streicheln in der Liebe, Babies und Kranke pflegen, Sterbenden Zuspruch und Ruhe geben.

II.3
Wir sitzen in der bekannten Art auf unserem Hocker oder auf einem anderen geraden Stuhl.
Unsere Hände liegen auf den Oberschenkeln mit den Handflächen nach unten.
Wir gehen mit liebevoller Aufmerksamkeit in unsere Handgelenke hinein. Weit, geräumig und tief werden unsere Handgelenke.
Nun gehen wir von den Handgelenken aus an den Außenkanten unserer Hände und an den kleinen Fingern entlang. Wir nehmen tief aus unserer Schale den Inhalt unserer kleinen Finger mit zu den Spitzen der kleinen Finger.
Wir gehen um die Spitzen herum an den Innenseiten der kleinen Finger nach unten in den kleinen Keil, den kleiner Finger und Ringfinger in der Mittelhand bilden.
Wir denken an einen tiefen Gebirgssee und tasten ab, was sich dabei in uns mit entspannt.

So gehen wir an jedem Finger entlang und herum, und immer nehmen wir den Inhalt der Finger mit in die Spitze.
Wir machen aus jedem kleinen Keil einen Gebirgssee.
Wir machen uns immer bewußt, wie tief die Entspannung durchgeht.

Bei unseren Daumenkanten sinken wir zurück in die Handgelenke.
Wir gehen dann einfühlend und abtastend durch die Breite der Hände hin.
Nun gehen wir durch die Mitte der Handfläche nach oben bis in die Haut des Handrückens, als bestiegen wir einen Turm, und wieder zurück.
Von links nach rechts und zurück.
Wir fühlen, daß es weit wird, geräumig und tief.
Wir fühlen, wie anders unsere Hände nun geworden sind. Aber auch unser Kopf. Und unsere Füße.

Alles fühlt sich anders an: geöffnet, warm, durchströmt.
Wir kennen uns nun aus in unseren Händen. Und auch besser in uns selbst.

7 Unsere Füße

Im Kapitel »Stehen« hatten wir uns schon mit unseren Füßen beschäftigt. Hier gehen wir noch etwas weiter auf sie ein.
Einen großen Teil unseres Lebens, ob wir nun stehen oder gehen, ruhen wir auf unseren Füßen: sie tragen unser Körpergewicht. Doch machen wir uns gewöhnlich nicht klar, was sie für uns bedeuten.
Erst wenn mit unseren Füßen etwas nicht in Ordnung ist, geht uns die Funktion auf, die sie in unserem Leben erfüllen. Dann fragen wir uns auch, ob wir unsere Füße gut behandeln.
Oft tragen wir falsche Schuhe: sie sind zu klein oder zu schmal, so daß unsere Zehen nicht die nötige Bewegungsfreiheit haben. Oder wir tragen zu hohe Hacken, wodurch unser Körpergewicht zu stark auf den Vorfuß drückt.
Unsere Füße haben viel zu erdulden: wir müssen sie gut versorgen, sie baden, massieren. Es empfiehlt sich, viel barfuß zu laufen.

Aus den vorigen Kapiteln wissen wir, daß sich, je mehr wir unsere Füße fühlen, wahrnehmen, entspannen, öffnen, kennen, um so mehr auch unser Kopf entspannt.
Wir lernen loszulassen bis in unsere Füße hinein, durch die Fußsohlen hin: loszulassen bis in die Erde und weggleiten zu lassen, was nicht in uns gehört an Müdigkeit, Angst, Sorge, Zorn, Ärger und Spannung.
So beginnen unsere Füße sich zu entspannen, und wir bekommen das Gefühl, schwer im Boden zu ruhen. Unser Kopf, unser Denken werden dadurch klarer und geordneter.
Wenn wir aufwachen, sollen wir niemals so einfach aus dem Bett springen.
Wir bleiben, auch wenn es nur fünf Minuten sind, noch liegen, um ruhig zu atmen, bis das »atmende Kreuz« wieder deutlich in

uns da ist. Dann lassen wir uns von Unruhe und Emotionen nicht so leicht überfallen.
Zuerst stellen wir, indem wir ganz still ein- und ausatmen, die Verbindung mit uns selbst her, mit unserer Urquelle.
Wir bewegen unsere Füße, unsere Hände, unsere Schultern.
Dann recken und strecken wir uns ganz aus: unsere Fersen; Füße, Zehen werden weit weggestreckt. Auch unsere Arme strecken wir aus, an den Ohren entlang, und unsere Hände, Finger und Fingerspitzen – nach oben, durch das Kopfende unseres Bettes hin.
Wir gähnen.
Dann setzen wir uns auf den Rand unseres Bettes, auf unsere Sitzknochen, unsere Füße nebeneinander auf der Erde. Wir gehen mit Aufmerksamkeit in unsere Füße hinein.
Wir fühlen ein – in und um unsere Fersen, unsere Mittelfüße, unsere Vorfüße, unsere Zehen und die Zwischenräume zwischen den Zehen.
Wir fühlen unsere Fußsohlen offen und nehmen die Energieströme wahr, die durch uns hingehen.
Macht uns dies Mühe, dann suchen wir den Punkt auf, wo die Achillessehne in die Ferse hineingeht: das ist der Punkt, wo der ganze Körper sich öffnet und entspannt.
Wir denken uns diesen Punkt weit, geräumig und tief.
Dann zieht die Spannung, die um und bei diesem Punkt zusammengeballt ist, durch die Füße, die Zehen und die Zwischenräume zwischen den Zehen ab.
Der ganze Kopf fühlt sich aufgeräumt.
Wir stellen uns auf unsere Füße, mit Kraft gegen den Boden drückend, als müßten wir da hinein.
Wir werden uns unserer Verbindung mit dem Boden bewußt: der Boden trägt uns. Den ganzen Tag werden wir getragen.
So beginnen wir unseren Tag positiv, geordnet, dankbar.

In unseren Füßen wird jedes Organ unseres Körpers an einer ihm entsprechenden, besonderen Stelle gespiegelt.
Unsere Fußsohlen sind mit dem Beckenboden und mit unserem

Scheitel verbunden. Die Außenseiten unserer Füße gehen mit den Seiten unseres Körpers zusammen. Die Fußbögen spiegeln die Wirbelsäule. Unsere Knöchelgelenke entsprechen den Gelenken unseres Körpers.
Wenn wir erst einmal wissen, daß unsere Füße so viel für uns bedeuten, gehen wir anders mit ihnen um. Wir erleben dann unsere Füße und widmen uns ihnen mit Sorgfalt und Aufmerksamkeit.
Unsere Haltung verändert sich, und damit auch unsere innere Einstellung.
Das Loslassen hat Ruhe gebracht, Ordnung, Sicherheit.
Wir gehen bequemer, leichter. Wir stehen anders.

Übung I

Wir stellen uns hin und suchen die drei Stützpunkte in unseren Füßen auf, mit denen wir auf der Erde ruhen: das Fersenbein, den ersten Knochen der großen Zehen und den ersten Knochen der kleinen Zehen.
Wir verbinden die drei Punkte miteinander zu einem Dreieck, von dem das Fersenbein die Spitze ist. Die Basis läuft durch die Reihe der ersten Zehenknochen hindurch.
Wir sehen dieses Dreieck deutlich.
Wir stellen uns vor, daß die drei Stützpunkte in der Erde wurzeln.
Wir geben diesen Wurzeln eine Farbe und folgen innerlich ihrem Wachsen, tief in die Erde hinein.
Wir fühlen innerlich, was unsere Fußsohlen an Spannung und Krampf in die Erde hinein abgeben.
Wir fühlen unseren ganzen Körper mit gereinigt, geordnet, durchblutet.

Übung II

Wir konzentrieren uns auf unsere großen Zehen.
Wir denken sie uns offen, geräumig und tief.
Wir tasten in unserem Körper ab, was sich mit entspannt.
Dasselbe machen wir, einen nach dem anderen, mit den übrigen Zehen.
Was fühlen wir durch uns hin?

Wir stellen uns vor, daß an jeder Zehenspitze eine kleine Flamme brennt.
Zehn kleine Flammen brennen.
Wie fühlt sich das an?

Wir stecken nun auch an jeder Fingerspitze eine Flamme an und machen uns bewußt, was durch uns hin geschieht – jetzt, da zwanzig kleine Flammen brennen.
Wir versuchen, mit diesen offenen Füßen meditativ zu gehen: bewußt setzen wir mit dem Ausatem jeden Fuß nieder und rollen ihn ab: Ferse – Mittelfuß – Zehen. Mit dem Einatem heben wir den Fuß wieder.

Wir nehmen Kraft und Ruhe aus der Erde auf und strahlen sie durch unsere Haut hin aus.
Mit offenen Augen blicken wir geradeaus und starren Löcher in die Luft.
Das bringt Raum in unseren Kopf und entspannt unsere Augen.
Unsere Füße fühlen sich durchlässig an, klarer und stärker mit der Erde verbunden als zuvor.

Übung III

Wir stellen uns hin, unsere Füße in Hüftbreite voneinander, unsere Fersen ungefähr 15 cm auseinander.
Unsere Arme hängen am Körper herunter, entspannt und mit lockeren Händen.
Wir legen den Schwerpunkt tief in unsere Schale.
Wir atmen ruhig.
Wir schauen auf einen Punkt ungefähr zwei Meter vor uns auf den Boden.

Wir gehen in unsere Kiefergelenke hinein, als wären sie Grotten, in die wir uns hineinbegeben. Diese Grotten münden in die Mundhöhle und sind weit, geräumig und tief.
Wir fühlen, ob die linke und die rechte Grotte gleich offen sind.
Wenn nicht, dann schenken wir besondere Aufmerksamkeit der noch nicht entspannten Grotte, bis beide sich gleich anfühlen.
Wir lassen die Kiefergelenke los.
Wir lassen sie sinken, bis in die Schultergelenke hinein und Teil von ihnen werden.

Wir gehen in unsere Schultergelenke hinein, als wären sie weite geräumige, tiefe Grotten. Links und rechts begegnen sie einander in unserer Wirbelsäule.
Wir versuchen zu fühlen, was mit entspannt durch uns hin.
Wir lassen unsere Schultergelenke los und lassen sie Teil werden von unseren Hüftgelenken.
Auch in die Hüftgelenke gehen wir hinein, als wären sie Grotten, weit, geräumig und tief. Links und rechts begegnen sie einander in unserer Wirbelsäule.
Wir fühlen hinein.
Wir nehmen wahr, was in uns geschieht – ganze Spannungsfelder lösen sich auf tief in unserem Becken.

Wir lassen unsere Hüftgelenke los, und sie werden Teil von unseren Kniegelenken, rundherum.

Wir fühlen die Veränderung durch uns hin.
Wir lassen unsere Kniegelenke los in unsere Knöchelgelenke hinein, bis sie sich rundherum füllen.

Alle gelösten Spannungen, Krampf und Müdigkeit leiten wir bewußt ab – durch die Füße, die Knochen der Zehen und durch die Zwischenräume zwischen den Zehen.
Wir fühlen uns schön, verbunden, eine Ganzheit.
Ich, aus der Tiefe unserer Mitte, offen zur Erde und offen zum Himmel.

Übung IV

Wir stehen mit den Füßen in Hüftbreite auseinander. Die Hände hängen locker am Körper herunter.
Wir legen den Akzent auf unseren Unterbauch und seine Tiefe, indem wir uns innerlich loslassen.
Wir nehmen unseren Atem in der Tiefe unserer Schale wahr.
Unsere Arme reichen zur Erde hin.
Unsere Finger fühlen die Erde.
Unsere Fingerspitzen fühlen in die Erde hinein.

Wir spüren, was aus unseren Fingerspitzen in die Erde hineinstrahlt.
Unsere Augen halten wir auf einen festen Punkt, ungefähr zwei Meter vor uns auf dem Boden gerichtet.
Wir atmen ein, leicht und weit, und bewegen uns nach rechts, indem wir mit dem Ausatem unser ganzes Körpergewicht auf unseren rechten Fuß verlagern.
Wir lassen innerlich los.
Wir atmen wieder ein und bewegen uns von rechts nach links: ausatmend geben wir das Körpergewicht an unseren linken Fuß ab.
Wir lassen uns innerlich los und atmen ganz aus.

Wir können das an unseren mittleren Zehen und an unseren Mittelfingern kontrollieren, denn sie spiegeln unsere Ausatmung: es darf keine Spannung in ihnen sein. Finger- und Zehenspitzen müssen sich offen anfühlen, ohne Spannung.
So gehen wir zehnmal hin und her.
Danach fühlen wir uns ein, während wir ruhig fortfahren, uns rhythmisch zu bewegen – von links nach rechts und zurück.
Wir fühlen, wie auch unsere Haut verändert ist.

Nun richten wir unsere Aufmerksamkeit auf unsere Knöchelgelenke und bringen rundherum Raum zwischen Haut und Gelenk; dabei achten wir besonders auf die Rückseite der Knöchelgelenke.
Wir gehen in die Knöchelgelenke hinein und zünden darin ein Licht an. Das strahlt durch unsere Knöchel nach außen.

Wir nehmen wahr, was sich durch unseren Körper hin mit öffnet.
Wir fühlen, wie unsere Füße sich öffnen: durch die Zehen hindurch und zwischen den Zehen wurden sie gereinigt und fühlen sich an wie weit geöffnete Fächer.
Wir fühlen, wie tief unser Becken mit geöffnet ist.
Wir fühlen die Verbindung: Beckenboden-Fußsohlen-Erde.
Wir fühlen, wie unser Kopf sich zur Erde hin öffnet.
Wir fühlen die Verbindung: Schädel-Beckenboden-Fersengelenke-Fußsohlen und die Saugkraft der Erde.
Wir fühlen, wie wir, in diesem Offensein zur Erde hin, diese Erde akzeptieren und auch unser Leben, so wie es zu uns kommt, hier, an diesem Platz, jetzt.

Das Verlangen kommt in uns auf, unseren Auftrag auf Erden nach bestem Vermögen zu erfüllen und dann auf die rechte Weise uns zu öffnen zum Himmel.
Jetzt stehen wir still und nehmen die Veränderung in uns wahr.
Von hier aus können wir meditativ gehen, in Meditation sitzen oder gereinigt und vital an die Arbeit gehen.

8 Unsere Quelle

Was ist unsere Quelle, wie werden wir ihrer gewahr?
Die Quelle ist die geheimnisvolle Mitte in uns, von wo aus wir ganz durchstrahlt werden, von wo aus alles geschieht und unser ganzes Sein sich entwickelt.
Das ist die Urquelle:

- mit der wir durch unseren Ein- und Ausatem und das Erfahren des Kreuzpunktes dieser beiden immer mehr in Verbindung kommen;
- in die wir immer wieder eintauchen, um erfrischt und erneuert wieder herauszukommen;
- von wo unser innerer Weg sich durch uns hin öffnet.

Wie oft am Tage vergessen wir die Quelle, die tief aus unserer Schale aufquillt?
Immer wieder sind wir mit anderen Menschen, mit anderen Dingen beschäftigt und bewegen uns außerhalb von uns selbst. Auch wenn wir schlafen oder träumen, sind wir nicht in uns selbst.
Wenn wir bewußt atmen, uns konzentrieren auf das, was wir in der Schale erfahren, gewöhnen wir uns daran, in unsere Mitte nach Hause zu kommen zu uns selbst, und von da aus als ein neuer Mensch mit Mut, Vertrauen und gläubiger Geduld in der Welt da zu sein.
Diese Mitte ist aber nur dann groß und offen, wenn wir bereit sind, die Welt, unser Leben zu akzeptieren, so wie sie zu uns kommen. Die Ströme des Lebens, der Energiestrom in uns, die Meridiane der Akupunktur kommen in dieser tief verborgenen Quelle in uns zusammen und strömen von da aus weiter durch uns hin.
Wir lernen nach innen zu horchen, zu schauen, die Vibrationen zu fühlen und zu verfolgen, wie der Energiestrom uns Teil des Unendlichen, des Kosmos sein läßt.

Um horchen zu können, müssen wir innerlich still werden.
Um schauen zu können, müssen wir die Augen vor äußeren Gestalten schließen und nach innen wenden, schauen.
Um den kosmischen Rhythmus fühlen zu können, muß sich unsere Atmung beruhigen und müssen wir auch unser Herz zur Ruhe bringen.
Um im ewigen Strom mitschwimmen zu können, müssen wir unsere selbstsüchtigen Wünsche aufgeben.
Wir müssen versuchen, kreativer zu sein und mehr von innen heraus zu leben. Weniger mit unserer Leistung im täglichen Leben in der Außenwelt beschäftigt zu sein und mehr mit den verborgenen Gaben und Kräften in uns.
Wir stellen ganze Programme auf – rein aus unserem Denken, anstatt auch die ständig gegenwärtigen Kräfte unseres Herzens und unserer Quelle zu gebrauchen. So fügen wir uns mit unserem berechnenden Planen und Alltagsstreben selbst Schaden zu. Wir jagen, wie an unserer unruhigen Atmung zu merken ist, durch das Leben.
Bis wir uns erneut des tiefen Mysteriums in uns bewußt werden und auf die Suche gehen nach dem Mittelpunkt unserer inneren Welt, nach der Urquelle in uns.
Der Widerstände, die uns im Wege stehen, sind wir uns bewußt. Ordnend in uns selbst und in diesem Ordnen uns erneuernd, bereiten wir uns auf eine neue Phase des Menschseins vor.
Es geht darum, dies zu üben: ganz wach im Hier und Jetzt, abgestimmt auf das große kosmische Ganze.

Übung I

Wir legen uns auf den Boden, uns abrollend, wie eine Katze dies tut.
Wir liegen auf unserem Rücken, die Arme locker am Körper entlang, die Hände locker. Die Füße liegen ungefähr 50 cm auseinander.

Wir werden, ganz leicht atmend, weit und rundum rund im Einatmen.
Wir atmen aus durch die Haut des Beckens hinten und lassen den Atem verfließen durch unsere Beine und Füße.
Wir folgen diesem Ein- und Ausatmen innerlich fünfmal.
Dann legen wir unsere Hände auf unseren Unterbauch und nehmen die Kraft in unserer Schale wahr. Wir legen unsere Hände mit den Fingerspitzen zueinander, drei Querfinger (Fingerbreite) oberhalb des Schambeins.

Von dem Punkt aus, an dem die Spitzen der Finger einander berühren, gehen wir in den Bauchraum hinein und sinken zu unserem Kreuzbein und zum Chi-Punkt hin.
Wir wissen, daß wir beim Chi-Punkt angekommen sind, wenn unser Nacken warm wird, unser Sonnengeflecht warm wird und unser Brustbein sich nicht mehr eingezwängt fühlt.
Chi-Punkt sagen die Chinesen, Ki-Punkt die Japaner, Prana-Punkt die Inder. Chi-Kräfte sind universelle, kosmische Kräfte, denen wir uns öffnen und die wir in uns zulassen, im Gegensatz zur Willenskraft, die wir in uns erwecken.
Bei diesen Punkten geht es nicht um Punkte, wie wir sie aus der Mathematik kennen. Es wird damit vielmehr ein Ort, ein sicherer Raum angedeutet, der sich öffnen kann und von wo aus wir unsere Haut öffnen.
Wenn wir den Chi-Punkt deutlich in uns fühlen, ziehen wir in Gedanken einen kleinen, kräftigen Kreis um ihn. Es scheint, als würde der Chi-Punkt dann ein warmer Springbrunnen, der den ganzen Bauchraum entspannt und erwärmt.
Der Chi-Punkt ist unsere Quelle, unsere Kraftquelle. Von da aus atmen wir ein und werden rundherum rund und dadurch hin atmen wir aus in die Tiefe, bis zu den Innenseiten der Fußsohlen.
Wir versuchen, im Ein- und Ausatmen den Punkt zu fühlen, wo Ein- und Ausatem einander kreuzen: das ganz kleine Kreuz im großen »atmenden Kreuz« mit der horizontalen Linie der Einatmung und der vertikalen Linie der Ausatmung.

Wir nehmen wahr, wie unsere Leisten zu weit geöffneten Toren werden. Wie offen unsere Füße und Zehen sind, wie klar unser Kopf, unsere Stirn, unsere Augen.
Wir atmen so weiter: still, stiller, immer noch stiller.
Wir hören in uns das Geräusch des ganz ruhigen Atmens.
Durch unseren rechten Gehörgang horchen wir auf unseren Herzschlag.

Nun denken wir uns unsere Nasenlöcher weit und atmen hoch in unsere Nase ein.
Wir atmen ganz still aus.

Wir stellen uns auf den unhörbaren Ton in unserem Herzen ein.
Dort schwingt der unhörbare Ton unseres Wesens.

Nun schlucken wir und blinzeln mit den Augen.
Von unserem Chi-Punkt aus bewegen wir unsere Hände und Füße, unsere Schultern.
Wir drehen unseren Kopf von unserer Quelle aus langsam nach links und nach rechts.
Dann recken und strecken wir uns ganz aus und gähnen.
Wir legen die Hände zurück auf unsere Schale und fühlen, wie die Einatmung vom Chi-Punkt aus rundherum rund wird.
Wie der Ausatem durch die Tiefen hin, durch den Chi-Punkt, zu den Füßen hin strömt.
Wir fühlen den Kreuzpunkt von Ein- und Ausatem.
Wir fühlen auch, wie der Einatem kommt und der Ausatem durch die Tiefen hinströmt.
Wir achten auf den Kreuzpunkt des Chi.
Wir lernen ihn kennen.
Und noch einmal: wir fühlen, wie der Einatem vom Chi-Punkt herkommt und wie der Ausatem vertikal dort hindurchströmt.
Immer deutlicher ist der Chi-Punkt in uns da. Wir müssen versuchen, von dort aus zu leben, den Tag hindurch vom Chi-Punkt aus zu atmen, loszulassen, da zu sein.
Denn das ist unsere Quelle.

Übung II

Wir legen uns auf den Rücken, unsere Arme am Körper entlang.
Unsere Hände liegen drei Querfinger über unserem Schambein, die Fingerspitzen gegeneinander.

- Wir atmen aus dem Chi-Punkt heraus ganz langsam und aufmerksam ein.

Wir atmen aus durch die Tiefe, durch den Chi-Punkt hin, und wir gehen nach hinten oder lassen uns weggleiten durch die Beine und Füße.
Wir achten auf den Kreuzpunkt von Ein- und Ausatem.
Das machen wir fünfmal.

- Wir atmen ein, und wir atmen aus mit »fffffffff«.

So entspannen wir, als ob wir »heeeeeeeeeee« ausatmeten nach Anspannung, während wir uns gleichzeitig tief unten in unserem Becken rundherum rund fühlen.
Das machen wir fünfmal.

- Wir atmen ein aus dem Chi-Punkt.

Mit dem Ausatem heben wir unser Becken etwas auf und denken uns Entspannung zwischen unsere Schulterblätter.
Wir fühlen die Entspannung deutlich.
Das machen wir fünfmal.

- Wir atmen ein aus dem Chi-Punkt.

Wir atmen aus durch die Haut des Beckens nach hinten, tief in die Erde hinein.
Wir folgen innerlich dem Ausatem.
Das ist ein Loslassen, das bis in unser tägliches Leben hineinwirkt.
Wir machen das fünfmal.

9 Das Leiden

Wir wachsen, wir lernen in jedem Augenblick des Tages. Mitunter bleiben wir jedoch stehen, stagnieren und klammern uns an bestimmte Vorstellungen darüber, was wir geworden sind und was wir aus unserem Leben und aus unserem Auftrag gemacht haben.
So verschließen wir uns vor dem, was in und durch uns hin, aus unserem tiefsten Wesen, nach außen, ans Licht will, und wir sind im Begriff zu erstarren.
Die Meditation gibt uns die Möglichkeit, uns selbst bis in die Tiefe anzuschauen und zu erforschen, und sie sorgt für Durchströmung und Erneuerung.
Wir leben zwischen Zeit und Ewigkeit, zwischen unserem Inneren und der Welt um uns herum, zwischen Individualität und Universalität. Zwischen dem Wunsch, zu bleiben, wie wir sind, und dem ständigen Verlangen, uns zu verändern, indem wir wachsen und uns entfalten.
Immer gibt es zwei einander polar entgegengesetzte Begriffe, die eine Einheit bilden.
Im logisch-analytischen Bewußtsein werden diese polaren Begriffe gleichsam zu unversöhnlichen Gegensätzen fixiert. Es erfordert viel Verständnis, oftmals unter Leiden gereift, um das, was scheinbar nicht zu vereinigen ist, doch zu einer Einheit, einer Ganzheit zu integrieren.

Wie haben wir westlichen Menschen dieses Verständnis für die Einheit der Gegensätze verloren? Vor allem weil wir uns bedroht fühlen: es gibt keine Sicherheit, keine Geborgenheit, und die Zukunft ist ungewiß.
Zum anderen können wir nicht sein, wie wir tatsächlich sind, wir können unserem Wesen nicht treu sein. Wir verhalten uns so, wie wir meinen, sein zu müssen, aus dem »Ideal-Ich«, das stark in

uns verankert ist. (Mit »Ideal-Ich« deute ich den Aspekt der Persönlichkeit an, der die kulturellen und ethischen Werte gegenüber gesellschaftlich unannehmbarem Verhalten vertritt und behauptet. Es hat eine regulierende und normierende Funktion und bestimmt sowohl unser eigenes ehrgeiziges Streben als auch die Forderungen, die wir an andere stellen.)
Wir handeln aus Angst vor unserer Umgebung oder aus Angst, jemandem Kummer zu bereiten oder jemanden zu verletzen.
So verdrängen wir die Impulse, die zum ganzen Menschen gehören und die nun unbewußt in uns zum Schatten werden, zu unserem Dunklen. So sonderbar das auch klingen mag: wird unser Wesen in seinem Drang zur Manifestation nicht zugelassen, erhält es nicht die Gelegenheit, sich rein zu äußern, so wird es zu unserem Kernschatten. Dieser »Schatten« – der Ausdruck ist von Jung – umfaßt unsere unentwickelten Seiten, unsere nicht bewußt erfahrenen Möglichkeiten, Fähigkeiten, Absichten.
In dieser Zeit werden wir alle hin- und hergeschleudert zwischen einer Vielfalt oberflächlicher, neben- und durcheinander laufender Möglichkeiten und Aufträge, Probleme und Wünsche, die im Grunde keine Verbindung miteinander haben. Es besteht kein gemeinsamer Kern, in dem unsere innere und äußere Welt zusammenkommen und verbunden werden. Daß es möglich sein könnte, in dieser chaotischen Vielheit einen Kern zu finden, klingt für uns wie etwas aus einem Traum, weil wir uns unseres Wesens nicht bewußt sind.
Das Leiden unter diesem Chaos kann so schwer werden, daß das Wesen in uns durchbricht: dann wird in uns offenbar, daß es eine Einheit gibt, und dann können wir sie Schritt für Schritt in unserem täglichen Leben verwirklichen.

Wir unterscheiden dreierlei Leiden:

- das Leiden an all dem Negativen, das aus der Welt zu uns kommt. Wir können es nicht mit ansehen noch aushalten, bis es sich löst oder von uns genommen wird.
- das Leiden an uns selbst.

• das Sichfestfahren, das Erstarren, das ich als ein drittes Leiden noch hinzufügen möchte.

Das erste Leiden, das an der Welt, verlangt nach Veränderung der Umstände und jemandem, der von außen her hilft, heilt, lenkt durch Arzneien: *durch Eingreifen.*

Das zweite Leiden, das an uns selbst, verlangt nach jemandem, der von innen her hilft, heilt und die Richtung angibt: *durch Einfühlen.*

Das dritte Leiden verlangt nach jemandem, der aus der Erstarrung erlöst, der befreit, der uns zeigt, wie wir unseren eigenen Meister in uns selbst finden: *durch Sein.*

Meistens ist der Mensch, der unter Erstarrung leidet, ans Ende seiner Weisheit und Kraft gelangt, in eine Grenzsituation, aus der er in großer Not allein den Weg nicht mehr findet. Er kann von Vernichtung bedroht sein, sei es körperlich infolge einer schleppenden Krankheit, sei es sozial durch Ausstoßung aus der Gemeinschaft, in der er lebt. Er fühlt sich verlassen, verbunden mit großer Einsamkeit, die unerträglich und aussichtslos ist.

Und dennoch, wenn er das als sein Schicksal akzeptiert, wenn er »ja« sagen kann zu dieser Einsamkeit, die für ihn vernichtend erscheint, dann kann er im Annehmen dessen, was ihm eigentlich absurd vorkommt, eine Geborgenheit erfahren, die er früher nie gekannt hat. Aus dem Annehmen des Schicksals schöpft der Mensch, wie widersinnig dies auch erscheint, neue Kraft.

Dann kommt das Verlangen, zu wissen, zu begreifen und zunehmend das Bewußtsein, einen anderen zu brauchen, der begleitet.

Je schwerer sein Leiden ist, um so früher entdeckt der Mensch in sich den Weg zu seinem Wesen und versucht, diese Verbindung mit sich selbst in seinem täglichen Leben bewußt aufrechtzuerhalten.

Der Weg zu Bewußtwerdung und Selbstverwirklichung führt über die Beseelung, das Durchlichtetwerden und das Vergeistigen unseres Körpers.

Das heißt, daß auch unser Platz auf Erden, das Leben mit unseren Aufgaben, unsere Arbeit beseelt, durchlichtet und vergeistigt werden muß.
Gerade das ist auch der christliche Auftrag: die vollständige Veränderung des Menschen geht einher mit einer Veränderung seines Lebens auf Erden. Wir ziehen uns nicht von der Welt zurück, sondern gehen mit der erlangten Einsicht in die Welt ans Werk.

Übung

Wir setzen uns in der bekannten Haltung auf unseren Hocker, atmen ruhig und überdenken das Folgende:
Das »denkende Ich« von unserem Kopf aus loszulassen, erfordert *Mut*.
Das »denkende Ich« in unserem Brustkorb niederzulassen, erfordert *Vertrauen*.
Das »denkende Ich« einswerden zu lassen mit dem Fühlen tief in unserer Schale, erfordert gläubige *Geduld*.

Die Länge unseres Ausatems verhält sich zu der unseres Einatems wie drei zu eins. Atmen wir z. B. bis neun zählend aus, dann atmen wir ein, indem wir bis drei zählen. Im Ausatmen stirbt das alte, denkende Ich im

- Sich-Loslassen
- Sich-Niederlassen und
- Sich-Einswerdenlassen mit dem Fühlen in der Tiefe unseres Unterbauchs.

Der Einatem bringt die Erneuerung.
Das alte Ich, das denkende Ich, ist nicht mehr. Es hat sich verbunden mit dem Fühlen.
So wird ein neuer Mensch geboren, ein neues Ich, für die neue Erde, mit einem neuen Gewissen, gegründet auf Mut, Vertrauen und gläubige Geduld.

Dieser Veränderungsprozeß, in dem wir uns unseres Wesens immer mehr bewußt werden, macht aus uns dankbare Menschen. Wir fühlen uns verantwortlich für dieses neu geborene Selbstbewußtsein in uns. Wir schützen es, indem wir nicht darüber sprechen: wir würden etwas ganz Zartes zerreden.
Wir empfinden auch eine neue Verantwortlichkeit für den anderen, unseren Nächsten, jetzt, da wir uns selbst befreit und frei fühlen.

10 Innere Erfahrung

Mit unserem Kopf und unseren Augen nehmen wir die anderen Menschen wahr. Doch sehen wir auch uns selber?
Ja, wenn wir zum Spiegel gehen und davor stehen. Doch dann betrachten wir uns von außen, unser Wesen-Ich, unser großes Ich sehen wir nicht. Das liegt hinter unserem denkenden Ich verborgen in unserer Stirn, und da sehen wir nicht hindurch. Es sei denn, wir lernen bewußt zu leben und uns mit unserer Mitte zu verbinden.
Wir können wissen, spazierengehen, singen oder im Garten arbeiten, ohne uns bewußt zu sein, was wir tun. Zwar können wir uns bewußt fragen: »Womit bin ich beschäftigt?« – doch halten wir das kaum einige Sekunden aus. Wir springen von einem Gedanken zum anderen.

Wenn wir unsere Augen schließen, merken wir, daß wir sofort in unserem Kopf sind. Laßt uns danach einmal in uns selbst nachspüren: »ich bin«. Keine ableitenden Worte, sondern nur das Fühlen und das Gefühl in uns zulassen.
Von innen her fühlen wir unsere Wirbelsäule recht. Das ist unser Maßstab. Wir fühlen unsere Wirbelsäule tief verwurzelt in unserem Becken und von daher warm und deutlich als eine Säule senkrecht emporsteigen.
Nun fühlen wir, wer wir sind. Unser Rechtsein aus unserem Becken spiegelt unmittelbar unser Richtigstehen gegenüber uns selbst, der Welt und der Transzendenz.
Wenn wir uns dieses »ich bin« bewußt werden, haben wir bereits recht viel erlebt. Das erstemal, wenn wir dieses »ich bin« erfahren, steht in einem besonderen Licht. Diese Erfahrung wirkt tief hinein befreiend und alles verändernd. Diesen Moment vergessen wir nicht mehr.
Wir erfahren damit auch zum erstenmal, daß wir in kosmischen

Bindungen stehen, daß wir darin geborgen sind und nicht länger als Objekt der Übermacht des Daseins ausgeliefert.
Indem wir so uns selbst als Subjekt erleben, als »ich bin ich«, kommen wir nach Hause zu uns selbst, erleben wir unser natürliches, menschliches Bewußtsein.
Wir leben auf einer viel tieferen Ebene: Stellung, Name, Nationalität, Rasse verlieren ihre Bedeutung; wir fühlen uns ganz bewußt mit dem Kosmos verbunden, und wir sagen dann nicht mehr »ich bin ich«, sondern »ich bin«.
Diese innere Erfahrung wirkt durch Übung und wachsendes Verantwortungsgefühl an unserer Formung und unserem Erwachsenwerden mit. Sie gibt unserem Leben Bedeutung und Wert.
Nach außen zeigt sich das u. a. am wiedergefundenen Urvertrauen, am Verlangen nach Freiheit und am Suchen nach Gott, und es spiegelt sich auch in unserer geistigen und körperlichen Gesundheit.
Werden wir in einem dieser vier Bereiche ernstlich bedrängt oder beeinträchtigt, dann ist unsere Vitalität grundlegend in Gefahr.
Ist das Urvertrauen des Menschen gestört oder beschädigt, entstehen oft Angstzustände, psychosomatische Krankheitssymptome und sekundäre Abwehrmechanismen. Unter psychosomatischen Störungen verstehen wir z. B. zu hohen oder zu niedrigen Blutdruck, Kopfschmerzen, Schwindel, Herzstörungen, auch Störungen im Rhythmus des Herzschlags, Atemstörungen, Asthma, Hyperventilation, Magen- und Darmstörungen, Durchblutungsstörungen usw.
Gelingt es uns mit vielem und regelmäßigem Üben, dieses Urvertrauen wiederzufinden und uns mit ihm aufs neue in unserer Quelle zu verbinden, dann verschwinden die Beschwerden meistens schnell wieder.
Urvertrauen und Gesundheit gehören eng zusammen. Das Verlangen nach Freiheit ist jedem Menschen angeboren. Wird die Freiheit bedroht, dann geraten wir in die Verteidigung.
Krankhafte Verformung dieses Freiheitsverlangens und die Verstümmelung dieser Anlage können einerseits zu Herrschsucht, andererseits zu Unterwürfigkeit und Versklavung führen.

Wir wollen innerlich frei und unabhängig sein und nicht gebunden an Bedingungen, die dem Absoluten nicht entsprechen.

Eigentlich ist jeder einzelne Mensch verpflichtet, von innen heraus nach dieser inneren und äußeren Freiheit zu suchen.

Solche Freiheit zu verwirklichen, müssen wir ein Leben lang täglich üben, um uns so zu befreien von dem Verlangen, zu herrschen und zu beherrschen, anstatt zu dienen, und um frei zu werden von Gier und Eifersucht, von übertriebener Bindung an Besitz.

Aus einer solchen Freiheit zu leben, bedeutet erwachsen zu sein, und das schließt ein:

- keine Angst mehr zu haben vor Isolation;
- keine Angst zu haben vor Besitzverlust, in welcher Form auch;
- keine Angst vor dem Tod.

Aus der Verbindung mit unserer Urquelle, unserer »Schale«, lösen sich Angst und Panik auf.

Diese Art, ein freier Mensch zu sein, ruft automatisch den Wunsch hervor, jeden anderen mitzunehmen in dieses innere Verwurzeltsein und das Wagnis, uns darin loszulassen. Jedoch müssen wir genauso, wie wir frei sein wollen, dieselbe Freiheit auch in den anderen respektieren.

Die Urfrage nach dem Göttlichen ist uns angeboren, und das Suchen nach Gott gehört zu den Grundeigenschaften des Menschseins.

Wie suchen wir nach ihm?

Sogleich kommen dann allerlei Fragen auf. Zuerst ob es um einen Gott hoch oben über uns und außer uns geht oder um einen persönlichen Gott *in* uns.

Auf unserem inneren Weg sucht jeder von uns letztlich nach persönlicher Gotteserfahrung.

Sind wir gleichgültig, so ist das ein Zeichen von Widerstand gegen das Urvertrauen und den inneren Weg, der auf individuelles und kollektives Kranksein hindeutet.

Auf welche Weise wir nach Gott fragen, ist nicht entscheidend;

wichtig nur, daß wir nach ihm suchen, daß wir den inneren Weg gehen.
Der innere Weg wird auch als »initiatischer« Weg bezeichnet, d. h. als ein Einweihungsweg, der zu etwas Geheimem führt, einem Geheimnis, das im Verborgenen lebt. An diesem Geheimnis dürfen wir auf sehr persönliche Weise teilhaben, indem wir uns einsfühlen mit dem Kosmischen und dadurch mithelfen, eine neue Phase des Menschseins vorzubereiten. Nicht unwissend und unerfahren, sondern dadurch, daß wir uns immer wieder ordnen und erneuern und uns immer mehr der Widerstände bewußt werden, die uns im Wege stehen.
Daran müssen wir arbeiten, wachsam, im Hier und Jetzt lebend, ohne Angst und ohne Altgewohntes, das uns lieb und teuer geworden ist, zu verleugnen.
Unser Leben wird dann in einem ganz neuen Licht stehen, das von innen her durch unsere Haut nach außen strahlt. Das läßt uns zu anderen Menschen werden, als die äußere Welt sie fordert. Und deshalb wird unser Da-sein, unser Leben sich verändern, wenn wir uns für den initiatischen Weg entschieden haben.
Wir fühlen uns immer tiefer verbunden – nicht verbunden allein mit dem Göttlichen, sondern mehr und mehr auch mit allem, was ist.
Wir werden uns dann aber auch der großen Entfernung bewußt, die wir auf dem inneren Weg noch zurücklegen müssen. Das läßt uns demütig werden. Wir lernen, daß es darum geht, unterwegs zu sein im beständigen Rhythmus von Loslassen, sich Erneuern und Weitergehen. Wie *Dag Hammarskjöld* sagt (in: »Zeichen am Weg«):

»Wenn ich fortfahren darf: fester, einfacher – schweigsamer, wärmer.«

Übung

Wir stehen mit den Füßen in Hüftweite, den Fersen 10 bis 14 cm auseinander.
Unsere Arme und Hände hängen locker herunter.
Wir atmen ruhig, rhythmisch.
Unsere Hände reichen zur Erde hin.
Unsere Finger ertasten die Erde.
Unsere Fingerspitzen fühlen in die Erde hinein, tiefer, noch tiefer.
Wir spüren, wie die Last von unserem Nacken und den Schultern nach unten sinkt, tief in den Boden unserer Schale. Wir fühlen durch uns hin, wie der Schwerpunkt nun in unserer Mitte liegt, in unserer Quelle.

Wir atmen aus, von der Mitte aus zu unseren Füßen hin, und »tasten« ab:
Bin ich von oberhalb meiner beiden Außenknöchel her zum Boden hin geöffnet? Bin ich von meinen Innenknöcheln her zum Boden hin geöffnet?
Bin ich hinten, wo die Achillessehne in meine Fersen hineinkommt, offen zum Boden hin?
Bin ich offen von oben her zu meinen Füßen, durch meine Füße hin, zu meinen Fußsohlen hinaus?
Bin ich offen zum Boden von den Außenseiten meiner Füße her?
Von meinen Fersen bis zu den Spitzen meiner kleinen Zehen?
Bin ich offen von den Hinterseiten meiner Fersen zu den Innenseiten meiner Füße, durch die Fußbögen hin, an den Großzehen vorbei, bis auf den Boden?
Sind meine Zehen vom Mittelfuß aus geöffnete Kanäle?
Sind die Räume zwischen meinen Zehen vom Mittelfuß aus weit geöffnet?
Sind meine Fußsohlen ganz geöffnet?
Sind die Poren wie kleine atmende Münder?
Sind meine Füße ruhig und leer?

Sind meine Hände ruhig und leer?
Ist meine Vorderseite ruhig und leer?
Ist meine Rückseite ruhig und leer?
Und meine rechte Seite? Von meinem Kopf bis hinunter zur Außenseite meines Fußes?
Und meine linke Seite? Ist sie ruhig und leer – von meinem Kopf aus ganz hinunter bis zu meinem Fuß?
Und unter meinen Füßen?
Bin ich ruhig und leer in meiner Schale?
Bin ich ruhig und leer oben in meinem Kopf?
Nun bin ich ruhig und leer,

- um von meiner Schale aus meditativ zu gehen, oder
- um tief in mir zu üben, oder
- um zu meditieren.

Wir nehmen die Veränderung in uns wahr.
Wir atmen tief, bewegen, von der Tiefe unserer Mitte aus, unsere Hände und Füße, unsere Schultern, unseren Kopf.
Wir recken und strecken uns und gähnen.
Dann gehen wir über zum meditativen Sitzen und Gehen oder zum Üben.

Wir nehmen dann deutlich wahr, wie wir uns allmählich öffnen, sowohl nach unten als auch nach oben.
Von innen her fühlen wir unsere Haut als atmende Umhüllung, und wir fühlen die Stille innen und um uns hin.

11 Sei du selbst

In der Welt um uns herum verändert sich alles in einem schnellen Tempo. Dies macht viele von uns schwankend, und wer keinen Untergrund hat, keinen festen Glauben in sich trägt, fällt innerlich um. Die chaotische Entwicklung bricht unsere Energie, was sich bei etlichen in einem »gebrochenen« Rücken und Rückenbeschwerden äußert.
Als Reaktion auf das Chaos entsteht ein tiefes Verlangen nach eigener Form, eigener Linie: nicht passiv und amorph einfach so mitgehen, auch kein Verzetteln von Energie und Aufmerksamkeit oder bloßes Reagieren auf den Anruf von außen – unsere Form, unsere Linie wollen wir erkennen und ihr folgen.
Haben wir einmal Form und Linie gefunden und dadurch uns für den inneren Weg entschieden, dann wollen wir uns auch tatsächlich einsetzen für die Liebe, das Einswerden, für geistiges Wachstum und Heilwerden. Dann wollen wir unseren Mitmenschen helfen, zu psychischer Gesundheit und zur Verwirklichung ihrer Möglichkeiten und Gaben zu gelangen. Dazu müssen wir aber zuvor bei uns selbst beginnen.

Wenn wir in seinen Dienst treten wollen, der Menschen sucht und aufruft, für seine Sache zu wirken, dann müssen wir still werden, uns mehr nach innen wenden und nach innen horchen. Wir müssen Ihn bitten, uns zu leiten und zu helfen bei unseren Bemühungen, wir selbst zu werden.
Das heißt auch, daß unsere persönliche Liebe für die Menschen, will sie ein würdiger Teil seiner Liebe sein, ganz und gar aus uns selbst, aus unserer Urquelle kommen muß. Nur die Liebe wird durch Ihn, aus seiner Quelle, immer wieder aufgefüllt.
Dann genügt es nicht mehr, auf die Emotionen der anderen nur »liebevoll« emotional zu reagieren: das Pflegen und Bestätigen von Emotionen fördert den Stillstand, wir aber müssen weiter wachsen.

Das Wachstum unseres Gefühlslebens hängt von der Art und Weise ab, wie wir unsere eigenen Emotionen und die unserer Mitmenschen verstehen und mit ihnen umgehen. Jede Emotion kann zu einem Hebel für den Wachstumsprozeß unseres Gefühlslebens werden. Dies geschieht, wenn wir unsere persönliche Emotionalität in den Dienst der reinen Liebe stellen, die autonom, aktiv, rein-weiß strahlend, ursprünglich handelt. Diese Liebe strömt von innen nach außen, aus unserer Tiefe zu denen hin, die wir liebhaben, und zu denen, die – aus welchem Grund auch immer – an unserem Leben teilhaben.

Unerschöpflich ist allein die Liebe; sie wird durch Gott aufgefüllt. Und nur die Liebe greift tatsächlich liebevoll in festgefahrene Prozesse ein.

So wird uns immer mehr verständlich, wie verzettelt und chaotisch unser Geist wird, wenn die Liebe sich verliert und untergeht in den Bewegtheiten der äußeren Welt.

Gerade für die Menschen um uns herum bedeuten wir viel mehr, wenn wir von Äußerlichkeiten absehen und uns in unser Innerstes loszulassen wagen, denn erst dort spüren wir jene Wärme und Liebe, Erkenntnis und Intuition, die notwendig sind, um anderen helfen zu können.

Horchen zu lernen, mit voller Aufmerksamkeit, sowohl nach innen als nach außen, erfordert Selbstdisziplin und Übung. Es ist aber der Mühe wert, daran zu arbeiten.

Wenn wir klar, geordnet und so gereinigt wie möglich da sein wollen, müssen wir unseren Tag damit beginnen, Ihn um Unterstützung und Begleitung zu bitten, und dann uns still nach innen wenden, um seine Antwort, sein Licht und seine Kraft zu erfahren.

Nikolaus von Kues sagt das so:

Denn was ist sinnloser, als zu bitten, Du mögest Dich mir schenken, da Du doch alles in allem bist. Und wie wirst Du Dich mir geben, wenn Du mir nicht zugleich Himmel und Erde gibst und alles, was in ihnen ist? Ja, noch mehr: wie wirst Du Dich mir geben, wenn Du mich nicht mir selbst gibst? Und wenn ich so im Schweigen der Betrachtung verstumme, antwortest Du mir, Herr, tief in meinem Herzen und sagst: Sei Du dein und ich werde dein sein.

... Du hast es in meine Freiheit gelegt, daß ich mein sein kann, wenn ich es nur will. Gehöre ich darum nicht mir selbst, so gehörst Du nicht mir. Du hast Dich an meine Freiheit gebunden, da Du nicht mein sein kannst, wenn ich nicht mein bin. Und weil Du das in meine freie Entscheidung gelegt hast, zwingst Du mich nicht, sondern erwartest, daß ich mein eigenes Sein wähle.

Übung

Wir legen uns auf die uns bekannte Weise hin.
Wir entspannen unmittelbar, und wenn wir unser Becken hinten viel breiter und schwerer werden lassen, als es normalerweise ist, sind wir zugleich auch mit unserem Atem in der Tiefe unserer Schale.
Auch die beiden Hüftgelenke werden bleischwer, so daß wir von selbst das Becken hinten loslassen – durch die Haut hin, in die Tiefe hinein.
Wir folgen innerlich dem ganz tiefen Loslassen und nehmen wahr, was alles durch unseren Körper hin mit losläßt.
So lernen wir, was miteinander verbunden ist.

Wir gehen mit unserer Aufmerksamkeit durch unsere Oberschenkel, unsere Kniegelenke, durch die Unterschenkel und Knöchel. Durch unsere Füße und Zehen und die Zwischenräume zwischen den Zehen. Dann lassen wir auch unsere Beine und Füße entspannen und so schwer werden, daß sie von selbst loslassen, in die Tiefe hinein und durch die Haut hin.
Wir folgen innerlich dem tiefen Loslassen.
Sind unsere Füße noch nicht sauber und leer, dann lassen wir sie noch einmal einzeln von unseren Zehen her los, durch unseren Vorfuß, unseren Mittelfuß, unsere Knöchelgelenke, durch die Haut in die Tiefe hinein.
Je mehr wir dies üben, um so schneller lernen wir loszulassen. Das wirkt sich dann auch in unserem täglichen Leben aus: wir fühlen, wieviel mehr Raum unser Körper innerlich hat.

Wir richten unsere Aufmerksamkeit während zwölf Sekunden

- auf unseren Nabel. Wir zählen langsam und nehmen wahr, was in uns geschieht;
- auf unseren Harapunkt, drei Querfinger unterhalb des Nabels, zur Wirbelsäule hin, in der Tiefe des Becken-Kreuz-Raumes – zwölf Sekunden lang;
- auf unseren letzten Steißbeinwirbel – zwölf Sekunden lang;
- auf die ersten Knochen unserer großen Zehen – zwölf Sekunden lang;
- auf das »heilige Dreieck« in der Tiefe unseres Beckens: den letzten Steißbeinwirbel und die beiden Sitzknochen. Wir sehen die Fläche strahlend in uns – zwölf Sekunden lang;
- auf einen Punkt in der Mitte unserer Brust. Dort stellen wir uns, zwischen den Brustwarzen, einen Lichtpunkt vor, einen Stern – volle zwölf Sekunden lang.

Wir schlucken und blinzeln mit unseren Augen.
Von der Tiefe unseres Beckens aus bewegen wir unsere Hände und Füße, unsere Schultern, unseren Kopf. Wir recken und strecken uns und gähnen.
Dann legen wir unsere Hände zurück auf unsere Schale, und wir fühlen, wie tief aus unserer Quelle, direkt am Kreuzbein, der Einatem aufsteigt und rund wird. Wie im Ausatmen der Atem von unserem Scheitel aus zur Mitte unserer Füße hin durch die Tiefen strömt. Wir achten intensiv auf den Kreuzpunkt von Ein- und Ausatem, denn um diesen Punkt geht es hier.
Dreimal atmen wir so aufmerksam ein und aus.
Wir fühlen unsere Schale weit und gefüllt. So ist es nicht schwierig, von da aus unserem täglichen Leben zu begegnen.

12 Einswerden

> Jeder Tag der erste –. Jeder Tag ein Leben. Jeden Tag soll die Schale unseres Lebens hingehalten werden, um aufzunehmen, zu tragen und zurückzugeben. Leer hinreichen – denn was vorher war, soll sich nur spiegeln in ihrer Klarheit, ihrer Form und ihrer Weite.
>
> *Dag Hammarskjöld*
> (in: »Zeichen am Weg«)

Ein Mensch lebt aus verschiedenen Energieschichten. Wie kommen wir zu diesen verschiedenen Energieschichten in uns?
In unserem täglichen Leben, bei Routineangelegenheiten, beim Sport, beim Schwimmen oder Radfahren usw. brauchen wir die Energie aus der ersten Schicht. Mit ihr arbeiten wir den ganzen Tag, so daß diese Schicht ziemlich schnell abgebaut ist; im Schlaf stellen wir sie wieder her.
Die nächstfolgende Energieschicht wird in Notfällen frei. Stellen wir uns vor, wir ruhen uns nach einem Tag harter Arbeit gerade recht träge und behaglich in einem Stuhl aus. Einer unserer Hausgenossen ruft: »Die Bratpfanne hat Feuer gefangen! Der Küchenvorhang brennt schon!« Mit einem Sprung sind wir in der Höhe, alle Müdigkeit ist vergessen. Hinterher sind wir verwundert, daß wir so ruhig waren, so schnell reagierten, so viel leisten konnten und wieder über neue Energie verfügten.
Eine dritte Schicht entdecken wir in uns, wenn wir uns entspannen, loslassen und uns reinigen von allem, was nicht in uns gehört.
Wir öffnen uns für die kosmische Energie außerhalb. Wir füllen uns damit, wir werden eins mit ihr. So stellen wir uns mit Energie aus der dritten Schicht wieder her in der Meditation und bei meditativen Übungen.
Manche von uns finden es schwierig, in einer großen Gruppe zu meditieren. Sie fühlen sich einsam und nicht akzeptiert.

Wir müssen erst am eigenen Leib erfahren, wieviel mehr Kraft und Licht von einer großen Meditationsgruppe ausgeht als vom einzelnen. Wir müssen an diesem unendlich großen Licht erst teilgehabt und uns ihm ganz übergeben haben, um uns nicht mehr in negativen Gefühlen zu verlieren.
Meditieren in einer Gruppe gibt uns einen Kraftstoß. Auch wenn wir müde vom Alltag in unseren Meditationsraum kommen, erschöpft in der ersten Energieschicht, so bringen uns das Atmen und das Reinigen durch die Übungen zum Bewußtwerden schnell in die zweite Energieschicht; eine Schicht, die groß und tief ist.
Wenn wir in der Meditation sitzen und uns nach innen wenden, kommen wir in Kontakt mit der Quelle, unserer dritten Energieschicht. Die Schwingungen, die davon ausgehen, sind fein und durchdringend. Dies ist am deutlichsten spürbar nach dem meditativen Gehen.

Sind wir beim Heimkommen von einem solchen meditativen Zusammensein nicht einsam? Ist die Antwort auf diese Frage nicht abhängig von der Wahl, die wir innerlich getroffen haben?
Sind wir so positiv eingestellt, dann gehen wir nach Hause – dankbar für so Vieles: das Miteinander-Einssein; die Kraft und Entspannung, die wir erfahren durften; die sorgfältig ausgewählte Musik; einen neuen Gesichtspunkt, den wir entdeckt haben.
Oder wir sind nicht imstande, positiv zu reagieren aufgrund von Depressionen, unverarbeitetem Kummer oder Ärger, Projektionen, negativen Gedanken, Emotionen, usw.
Erst wenn wir in unserem Kern das Sein erfahren durften und mit ihm einsgeworden sind, können wir eine Wendung um 180 Grad machen: von negativ zu positiv. Dann lernen wir, positiv zu leben. Haben wir diese Wendung vollzogen, dann müssen wir die Erfahrung ernstnehmen, daß unser ganzes Leben sich verändert. Wir wissen uns getragen, geformt, gerufen von und geborgen in einem Leben, das uns weiterbringt, dankbar und glücklich. Wir fühlen eine neue Verantwortung für unsere Mitmenschen.

Wir lernen, wir selbst zu sein, ohne Maske, ohne Fassade.

Einsamkeit gehört zum menschlichen Leben.
Wir brauchen die Einsamkeit, um uns intensiv bewußt zu werden, daß wir in jeder Faser unseres Wesens vollkommen allein sind.
Das ist eines der drei Merkmale des Erwachsenseins:

- der Isolation gewachsen zu sein;
- den Verlust von Besitz, in welcher Form auch immer, nicht zu fürchten;
- keine Angst zu haben vor dem Tod.

Wenn wir die Einsamkeit als furchtbar erleben und ihr aus dem Weg gehen wollen, nehmen wir uns eine wichtige Möglichkeit zur Selbstentfaltung und eine Gelegenheit, unsere Menschlichkeit zu tragen, zu vertiefen und zu verbreitern.
Aus der Einsamkeit heraus werden wir kreativ. Jede schöpferische Tätigkeit hat ihren Ursprung in Einsamkeit, Meditation und Absonderung.
Einsamkeit erfordert Kraft, Ausdauer, Widerstandsfähigkeit, wodurch wir ungekannte Tiefen in uns entdecken und uns Rechenschaft ablegen von unserem inneren Leben.
Wir lernen uns selbst nackt als Außenseiter zu sehen.
Wir werden sensibel für die Wahrheit, für unsere Beziehungen zu anderen, für den Sinn unseres Daseins, für die Natur.
Aus der Einsamkeit kommen wir erneuert hoch, mit mehr Vitalität, mehr Hoffnung, größerer Hingabe, mit einem tieferen Glauben, mit neuen Werten. So erleben wir die Einsamkeit positiv, als eine Herausforderung.
Das Bewußtsein, allein dazustehen, erfahren wir vor allem in Zeiten von Krankheit und Not, bei der Trennung oder beim Tod von jemandem, der uns sehr lieb war.
In den ersten Kriegsmonaten 1940 in Holland schrieb eine Frau Meiboom dieses kurze Gedicht, das ihren Kummer, ihre Ratlosigkeit und ihre Verlassenheit deutlich ausdrückt:

O Du, der Du im Himmel bist
und alle Dinge weißt,
was mein geheimstes Denken ist
und wie mein tiefstes Leiden heißt.
Der alle meine Ängste kennt und bittern Gram,
den Schmerz, der nie zutage kam –
vom eigenen Herzen mich befrei.
O Gott, steh Du mir bei.

Wenn wir den Schmerz annehmen und in der Tiefe innerlich durchleben, dann wächst aus dem Kummer wahrhaftes Mitleben mit den anderen Menschen, eine große Empfindsamkeit für alles, was lebt.
Wir entdecken, wie wir sind, was wir tatsächlich wollen.
Wir entdecken den Sinn unseres Daseins.
Wir erfahren eine neue Verbundenheit miteinander.
Erleben wir die Einsamkeit negativ, so fühlen wir uns verloren, traurig, im Stich gelassen, ängstlich, verschreckt und ruhelos. Laßt uns dann versuchen, in unserer Quelle das Vertrauen zu uns selbst wiederzufinden.
Laßt uns die Einsamkeit und das Leiden annehmen. Durch das Einswerden und Einsfühlen mit allen Lebewesen, mit der Natur, dem Universum heilen wir uns selber.
Das Atmen in der Tiefe ist der Schlüssel dazu.
Laßt uns unser Dunkel in Licht verwandeln und zu Licht werden.
Und unser Licht scheinen lassen als eine helle Flamme.
Einsamkeit würdig zu erleben, ist eine enorme Herausforderung. Das Wesentliche in uns muß der Einsamkeit unter die Augen treten können, ebenso das Schmerzliche.
Allein um den Preis großer persönlicher Anstrengungen und Schmerzen finden wir aus der Zerrissenheit zum Einssein in uns selbst.
Wenn ich über Einheit oder Integration spreche, meine ich nicht die Gesundheit.
Eine gute Gesundheit ist ein Geschenk, aber doch nur ein Aspekt

von uns. Jeder von uns ist die Summe verschiedener Aspekte: intellektueller, intuitiver, körperlicher und emotionaler.
Keiner dieser Aspekte darf die dominierende Rolle spielen. Unsere Emotionen müssen wir unter Kontrolle bringen, wenn wir kein unglückliches Leben erleiden wollen. Genauso wenig dürfen wir durch unseren Verstand beherrscht werden. Jeder kennt wohl ein Beispiel von jemandem, der außergewöhnlich tüchtig ist, aber nicht klug.
Wenn wir eine Einheit sind, eine Ganzheit, eine Person, gehen wir den inneren Weg, der von der Integration zur Initiation führt. Aus der Integration heraus können wir unsere Hoffnung und Verzweiflung, unsere Wünsche und Nöte objektiv sehen, als beträfen sie jemand anderen und nicht uns selbst.
Auf diesen Erziehungsweg zu gelangen, ist weniger schwierig, als es erscheinen mag. Er wird z. B. in Zen-Klöstern als unentbehrliche Hilfe verwendet, um zur Integration zu kommen. Dieser Weg geht nämlich über ständig sich wiederholende Handlungen, die zur Gewohnheit werden. Die Gewohnheiten werden zum Brauch. Der Brauch führt zu einer Vielzahl von Handlungen. In der Vielzahl und Mannigfaltigkeit dieser Handlungen liegt jedoch Einheit beschlossen. Diese Einheit nehmen wir in uns auf, wir integrieren sie, und diese Integration führt schließlich zur Intuition.
Indem wir suchen, lernen wir die vitale Bedeutung der Einheit zu sehen, diese Einheit in uns zu finden und über unseren Emotionen zu stehen.
Wir können ein integrer Mensch sein, ohne integriert zu sein – Integration schließt nicht unbedingt auch moralische Unbestechlichkeit ein. Wir können eine starke Persönlichkeit sein, aus einem Guß, und – trotz unserer Integration – doch kein guter Mensch.
Einer der gröbsten Fehler, die wir in unserer Gesellschaft machen, ist, daß wir vergessen, daß beim Streben nach Einheit ein hohes moralisches Niveau unerläßlich ist. Das Suchen nach innerer Einheit geht – so sollte es jedenfalls sein – Hand

in Hand mit Bescheidenheit und Toleranz. Werden diese beiden Eigenschaften Teil von uns, dann wird der integrierte Mensch ein rechtes und verantwortliches Instrument. Unser Körper ist dabei der Spiegel der Transformation von Seele und Geist.
Eigentlich gibt es für uns in unserer Einsamkeit nur ein Gebet, das ich immer wieder nenne. Es lautet:
»Nicht mein Wille, sondern Dein Wille geschehe.«
Bei wirklicher Übergabe kommt dann die Antwort:
»Sei still und wisse, daß ich Gott bin.«
Allein in der Einsamkeit und im Loslassen alles dessen, was unser inneres Hinhören behindern will, kann die Stimme der Stille zu uns sprechen.

Übung

Wir legen uns auf die bekannte Weise hin, entspannt, auf unseren Rücken.
Unsere Beine leicht gespreizt, die Füße ungefähr 50 cm auseinander, Knöchel und Zehen entspannt nach außen.
Die Hände liegen mit der Handfläche nach oben zu beiden Seiten unseres Körpers in gut 20 cm Entfernung.
Die Schultern auf dem Boden, der schmalste Teil unseres Rükkens entspannt auf dem Boden.
Unser Kopf liegt schwer und entspannt da. Unser ganzes Körpergewicht liegt schwer auf dem Boden.

Wir konzentrieren uns auf unsere Arme und Beine. Bei jedem Ausatem werden sie schwerer und schwerer.
Wir sinken, so scheint es, durch das eigene Gewicht in den Boden.

Wir schließen nun unsere Augen und atmen ruhig und gleichmäßig durch.
Wir konzentrieren uns auf unseren linken Gehörgang. Wir drehen unsere Hände herum, die nun als lockere Fäuste auf dem

Boden liegen, und strecken unseren rechten kleinen Finger seitwärts aus. Das ist unsere Antenne.
Unser linker Gehörgang und unser rechter kleiner Finger sind verbunden mit der Farbe Rot, in uns und außerhalb von uns. Wir nehmen wahr, was dabei in uns geschieht, und wir werden merken, daß unsere rechte kleine Zehe mitgeht.
Unsere Nase und unsere Mundhöhle füllen sich mit der Farbe Orange. Wir nehmen in uns das Entspannen von Gaumen und Zunge wahr und wie tief dadurch unser Kopf entspannt.
Wir nehmen das Leerwerden unserer Nase und Mundhöhle wahr.
Wir erfahren, wie durch das Entspannen unserer Zunge die Spannung in unserem Nacken losläßt.
Die Fingerspitzen unserer beiden Hände sind gelb gefärbt.
Wir fühlen die heilende Kraft durch uns hin.
Die Handflächen nach oben, öffnen wir unsere Hände als Schalen.
Wir empfangen nun grüngoldenes Licht, das uns Harmonie gibt und Vitalität.
Unsere Zunge badet in himmelblauem Licht.
Von unserem Scheitel bis zu unseren Fußsohlen lassen wir Indigoblau beruhigend durch uns hin spülen.
Von ungefähr 8 cm über unserem Kopf her sehen wir in Gedanken einen violetten Fluß auf uns zu und in uns hinein strömen, uns bis in unsere Füße füllen, heilen und ganz machen.
Violett ist, was die heilende Wirkung angeht, die am feinsten abgestimmte Farbe.
Wir bleiben einige Zeit ruhig liegen und erleben die Wirkung dieser heilenden Farbübungen in uns.

Dann schlucken wir und blinzeln mit unseren Augen.
Wir bewegen unsere Hände und Füße aus der Tiefe unserer Mitte.
Wir kreisen mit unseren Schultern und bewegen uns.
Von unserer Tiefe aus bewegen wir unseren Kopf von links nach rechts und wieder zurück.

Dann recken und strecken wir uns und gähnen.

Danach legen wir unsere Hände zurück auf unsere Schale und fühlen, wie unser Einatem aus der Tiefe unseres Beckens hochkommt und uns rundherum rund werden läßt.
Wie dann der Ausatem von unserem Scheitel zu unseren Füßen durch Tiefen hinströmt und den Punkt des Einatems kreuzt.
Wir folgen diesem Kreuzen von Ein- und Ausatem in der Tiefe ganz aufmerksam – wenigstens dreimal.

So wird immer deutlicher, was dieser Kreuzpunkt für uns den ganzen Tag hindurch bedeutet.

13 Selbsterkenntnis

Große Schwierigkeit bereiten am Beginn des inneren Weges die aufsässigen »Stimmen« in uns, die auch einen Teil unserer Persönlichkeit ausmachen.

Diese inneren Stimmen haben mit eingewurzelten Mustern, festen Gewohnheiten, mit unserer Glaubensüberzeugung, mit unserer Lebenseinstellung zu tun, und sie entstehen aus Furcht und Vorurteil.

Sie leben tief in unserem Unterbewußten, und jeder ernsthafte Versuch, sie mit unserer übrigen Persönlichkeit zu integrieren, bringt sie in die Verteidigung: aus Selbstschutz, denn Integration würde für diese Stimmen den Verlust von Macht und eine Form von Sterben bedeuten.

Also kämpfen diese negativen Kräfte um ihre eigene Existenz. Solange sie sich in unserem Unterbewußten verbergen, werden sie nicht aufhören, eine ernste Bedrohung zu sein für jeden Versuch, den inneren Weg zu gehen.

Wir sind bemüht, uns gut hinter einem eigenen »make-up« zu verbergen, um uns der Außenwelt anzupassen; erkennen wir jedoch diese Fassade in uns wieder, dann müssen wir mit ihr kurzen Prozeß machen.

Deshalb ist es so wichtig, daß wir unseren eigenen Charakter kennen- und verstehen lernen. Dann sind wir nämlich auch in der Lage, diese widerspenstigen Elemente in uns zu entdecken und zu bekämpfen.

Diese Kräfte haben außerdem einen stark vernichtenden Einfluß auf unsere Gesundheit, was wir uns, als Anfänger auf dem Weg, nicht klarmachen. Kennen und erkennen wir ihre negative Natur nicht, dann werden wir leicht ihre Sklaven und ihr Schlachtopfer.

Diese Kräfte aus dem Unterbewußten wirken oft gegen geistige Hilfe: es ist so schwer, durch den Protest hindurch das Flüstern der feinen kleinen Stimme in uns, des Wesen-Ichs, zu hören.

Das ist auch eine der Ursachen, warum die Weisheit des großen Ich in unserer Schale, obgleich in allen Menschen anwesend, im allgemeinen geleugnet und im Keim erstickt wird.
So viele unserer gegenwärtigen Probleme sind der Barriere zuzuschreiben, die wir zwischen dem kleinen Ich und dem großen Ich errichtet haben: wir waren so stark orientiert auf die Erfüllung unserer Wünsche und – oft auf Kosten anderer – auf die Wahrung unserer persönlichen Belange.
Sind wir auf dem Weg, dann wissen wir, daß wir für materiellen Vorteil einen spirituellen Preis bezahlen müssen in Form von Verzweiflung und einem Gefühl der Leere und Zwecklosigkeit.
Wenn wir das in uns erkennen, ist es ein erheblicher Fortschritt.
Es ist gut, wenn wir intensiv mit unseren täglichen materiellen Tätigkeiten beschäftigt sind, einmal etwas zu pausieren, uns in uns selbst zurückzuziehen und unsere Beschäftigungen in unserem inneren Licht zu sehen.
Dies soll uns einen ganzen Schritt weiterbringen. Das ist sicher der Fall, wenn wir uns dieses Stillsein und Klarwerden, wie wir im Leben stehen, zur Gewohnheit machen.
Wir werden uns dann bewußt, daß wir diese negativen Kräfte in uns empfunden haben und daß wir uns durch sie beherrschen lassen. Sie blockieren das hereinströmende Licht.
Wir selbst müssen diese Kräfte vertreiben, so daß nichts unserer inneren Einheit im Wege steht.
Von den Irrtümern befreien kann uns allein das große Ich, das göttliche Ich in uns. Hier haben wir oft jemanden nötig, der uns den Weg weist.

Das Weitergehen auf dem Weg geht nicht von selber.
Am Anfang scheint es, als würden die Schwierigkeiten größer und unsere körperlichen Reaktionen, die Spiegelung, immer schmerzhafter.
Wir folgern dann daraus, die Anweisungen müßten falsch sein, aber dem ist nicht so.

Notwendig und wichtig ist es, uns klarzumachen, daß dann, wenn wir einen wirklichen Anlauf nehmen, unsere Lebensrichtung von negativ zu positiv hin zu verändern, unmittelbar Widerstand da ist. Dieser Widerstand kann erschütternd groß sein, und daher kommen die Schwierigkeiten.
Wenn wir das wissen und unsere Aufmerksamkeit darauf richten, lassen wir uns weder abschrecken noch entmutigen.
Darum ist es so nötig, uns selber kennen zu lernen, ist es notwendig, daß wir bereit sind, das Dunkle in uns anzuschauen, wie unangenehm auch sein mag, was da ans Licht kommt.
Selbsterkenntnis ist der Schlüssel, der alle inneren Tore öffnet, wodurch wir die Gegenkräfte in uns zu kontrollieren und zu beherrschen lernen.
Wir tragen ein lebendiges Bild unseres »Ideal-Ich« in uns und sehen uns selbst selten als eine Einheit.
So halten wir uns selber fortwährend zum besten.
Der Zweck dieses »Ideal-Ich« ist, uns ein Bild von uns selbst und von unseren guten Absichten zu geben und all unsere Fehler und falschen Handlungen freundlich zu entschuldigen; unsere Bequemlichkeit, unser bewußt oder unbewußt unwahrhaftiges Reden intellektuell zu erklären und uns darin völlig von unserem großen Ich zu entfernen, das durch Gefühl und Intuition spricht.
Andere beurteilen wir nach ihren Taten, uns selbst jedoch nach unseren Absichten.
So erleben wir uns selbst als »so dumm nicht« – verglichen mit anderen.
Dies alles müssen wir mit unserer Selbsterkenntnis durchbrechen.

Wir sind nicht immer gleich aufgelegt.
Wir wechseln ständig unsere Stimmung. Plötzlich aufkommende Gefühle von Haß, Falschheit, Wut, Angst, Freude, Liebe, Wärme sind es, die diese fortwährende Veränderung bewirken.

Auch spielen wir von Moment zu Moment eine andere Rolle, wobei wir uns äußerlich mit verändern.
Um dies objektiv wahrnehmen zu lernen, müssen wir versuchen, uns ohne Selbstmitleid zu sehen, ohne Angst und ohne Zorn.
Indem wir uns selbst und unsere wechselnden Reaktionen beurteilen, als wären wir eine fremde Person, ohne Emotionen, ohne Vorurteil (also schonungslos), ist es möglich, uns mit den Augen unserer Seele zu sehen. Aufgrund unserer Zerrissenheit war dies früher selten möglich. Jetzt aber, da wir auf dem Weg sind, müssen wir dies tun. Jeder Betrug, jede Selbsttäuschung, jede Entschuldigung, jede Verschleierung der Wahrheit muß durchbrochen werden: tief in uns wissen wir immer die Wahrheit über uns selbst.
Sobald unser kleines extravertiertes Ich mit dem großen, introvertierten Ich zusammenfällt, können wir nicht mehr anders als gerade Furchen pflügen.
Der innere Weg läßt kein Ausweichen zu.

Bringen wir es nicht fertig, unser eigenes Herz ehrlich auf die zutiefst verborgenen Motive hin zu untersuchen, dann laßt uns zu jemandem gehen, der uns wirklich liebt und weise ist; er kann uns zeigen, wie wir wirklich sind.
Gibt es einen solchen Menschen nicht, können wir zu einem Pfarrer, einem Arzt oder zu jemand anderem gehen, der Verständnis für menschliches Verhalten hat, und ihn um Rat fragen.
Hier geht es darum, daß wir uns bei einer derartigen Selbsterforschung beweisen, daß es uns ernst damit ist.
Auf unsere Reaktionen müssen wir genau achten. Denn sobald Kritik geäußert wird, verwerfen wir sie und leugnen deren Richtigkeit aus der Sicht unseres »Ideal-Ich«. Wir können aber davon überzeugt sein, daß eine äußerst empfindliche Stelle getroffen wird.
Laßt uns das erforschen und darüber meditieren. Unser großes Ich in unserer Schale wird uns dabei leiten.

Niemals dürfen wir uns hinter unseren Fehlern und unseren Versäumnissen verbergen.

Gerade die Tatsache, daß wir immer aufs neue versagen, zeigt uns deutlich unsere noch nicht entdeckten Mängel.
Tatsächlich können selbst unsere Feinde uns in ihrer Boshaftigkeit unsere Fehler vor Augen führen und uns dadurch einen unschätzbaren Dienst erweisen.

Wir selbst können an unserer Reinigung mitwirken, indem wir einswerden mit unserem Wesen: im Atmen aus der Tiefe unserer Schale, in der Meditation und in Meditations-Übungen.

Übung

Bevor wir schlafengehen, öffnen wir unser Schlafzimmerfenster und atmen fünfmal still und ganz aufmerksam ein und aus.
Dann setzen wir uns hin, um zu meditieren, und blicken auf unseren Tag zurück. Wir beginnen mit diesem Augenblick selbst und erleben unseren Tag bis zu dem Moment, in dem wir wach wurden.
Alle unsere Handlungen und Erlebnisse untersuchen wir, und wir nehmen die Schuld auf uns für das, was wir falsch gemacht haben. Das heißt aber nicht, daß wir gegen uns selbst sagen: »Schrecklich! Das tut mit leid!« – oder aber unsere Fehler beschönigen. Nein, an das, was falsch war, denken wir ganz und gar zurück. Wir erinnern uns, wie wir dazu kamen, und nehmen die Konsequenzen auf uns.
So dürfen wir auch froh sein über das, was wir gut gemacht haben, das gibt uns Mut.
Warum tut diese Übung uns gut?

- Wir schaffen in unserem Unterbewußten eine Barriere gegen falsche Taten und werden auf sie aufmerksam. Daneben lernen wir, uns bewußt für das Gute zu entscheiden.
- Wir gehen gereinigt schlafen.
- Wenn wir das täglich durchhalten, verändern wir uns und erfahren die Strahlung davon in unserem täglichen Leben.

14 Selbstmitleid, Angst, Bosheit

Uns selber zu sehen ohne Selbstmitleid, ohne Angst und ohne Bosheit: drei schwierige Bedingungen, um wachsen zu können und uns selbst kennen- und verstehen zu lernen.

1. *Die Überwindung des Selbstmitleids:*

Selbstmitleid entsteht aus zerrissenem Denken und Fühlen, aus Nicht-Einssein aus unserem Kern, aus Nicht-Verbundensein mit der Tiefe unserer Mitte durch richtiges Atmen, das unser Denken mit unserem Fühlen verbindet.
Sobald wir aus unserer Mitte leben, wissen wir, daß alles, was lebt, miteinander eine Einheit bildet: den Kosmos; und daß auch wir ein Teil davon sind.
Dann fühlen wir uns nicht mehr isoliert, allein, einsam, durch irgendein unerklärliches, übles Schicksal dazu bestimmt, auf besondere Weise leiden zu müssen.
Erst wenn wir uns klar zu werden beginnen, daß wir Teil des großen Ganzen sind, mit der selbstgewählten Bestimmung, unser eigenes Lebensmuster auf einer höheren und breiteren Ebene auszuarbeiten, vermindern sich unser Kummer und unser Verletztsein. Wir lernen zu akzeptieren, wie wir sind und was wir sind, mit unseren Begabungen und Möglichkeiten, um auch an unserem Teil zu dieser kosmischen Einheit beizutragen.

Die meisten von uns tragen die innere Überzeugung mit sich herum, mehr als andere durch Mißerfolge, Frustrationen und Krankheiten isoliert zu sein. Negativ eingestellt, glauben wir, niemals die Chance zu haben, einen wertvollen Beitrag leisten zu können. Das tut uns weh und macht uns verdrossen. Diesen Schmerz und Kummer hegen und pflegen wir, und so entsteht Selbstmitleid.

Durch diese negative Denkweise, die uns ganz beherrscht, stellen wir uns abseits: was wir denken, das sind wir und das werden wir. Das gilt gewiß immer auch dann, wenn wir diese negativen Gedanken in unserem Herzen nähren. Dann rutschen wir unwiderruflich ab.
Erst wenn wir, meistens mit Hilfe von außen, einzusehen lernen, daß es möglich ist, mit einem weiteren, hoffnungsvolleren Horizont zu leben, verändert sich unsere innere Haltung.
Selbst wenn wir katastrophale Ereignisse erleben, können wir lernen, sie ohne aus dem Gleichgewicht zu geraten und mit Weisheit zu verarbeiten.
Wir machen so oft aus einem Maulwurfshügel einen Berg, weil wir nicht in der Lage sind, die Geheimnisse unseres Lebens in einem größeren, kosmischen Zusammenhang zu sehen.
Vor allem, wenn wir eine Reihe von Schwierigkeiten zu verarbeiten haben (Schwierigkeiten kommen selten allein), fragen wir uns: »Warum hört das nicht auf? Ich bin mürbe. Wo reagiere ich falsch?« Oder wir werden böse und widerspenstig, mißtrauisch und feindselig. Menschen, die vom inneren Weg mehr verstanden haben, fragen sich dagegen: »Was muß ich hieraus lernen? Was wird mir innerlich gesagt? Wie verändere ich mein Leben positiv?«
Durch Stillwerden, Meditieren und nach innen horchen werden wir die Antwort auf diese Fragen erfahren. Sie läuft darauf hinaus, daß wir uns aus unserem Kern, aus unserer Mitte heraus atmend mit dem großen Ganzen verbinden, mit dem Kosmos, dem Absoluten, mit Gott.
Sein Licht in uns zuzulassen, uns durchstrahlen zu lassen bis zu unserer dunkelsten Ecke und so zu einem Instrument in seinem Dienst zu werden – das bringt uns der Antwort näher.

Wenn wir versuchen, uns vorzustellen, wie viele Menschen viel größere Heimsuchungen und Ängste durchmachen müssen als wir, beginnen wir einzusehen, daß wir noch nicht zu klagen brauchen, falsch behandelt oder willkürlich Kummer und Leiden ausgeliefert zu sein.

Wenn wir uns in Selbstmitleid ergehen und unsere Schwierigkeiten dramatisieren, bekommen sie Macht über uns. Dann unterliegen wir ihrem zerstörerischen Einfluß, statt ihrer erziehenden Wirkung.
Ob wir es glauben oder nicht, es ist wirklich so: etwas in uns genießt unbewußt das Gefühl, schlimmer leiden zu müssen als andere und dadurch wichtig, ja überlegen zu sein. Manche laben sich geradezu an ihren Erzählungen über ihre Krankheiten und Operationen.

Wenn wir so eingestellt sind, bauen wir eine immer dickere Mauer um uns herum, und die uns erneuernden Kräfte finden um so schwerer eine Bresche, durch die sie in uns hineingelangen können. Von selbst landen wir so bei Krankheiten, Depressio nen, Neurosen.
Um dem vorzubeugen, müssen wir das rechte Gleichgewicht zwischen uns selbst und der Welt um uns herum finden, in Harmonie, in Freiheit und doch uns als Teil dieser Welt wissend.
Wir erhalten genug Zeichen und Warnungen, um unserem Leben eine veränderte Richtung zu geben, die meisten von uns erkennen sie jedoch nicht. Wir müssen persönlich Verdruß und Leiden eher als eine Botschaft an uns sehen und zu begreifen versuchen, was das Leben uns damit zu verstehen geben will.
So beschäftigen wir uns positiv mit dem, was uns widerfährt, anstatt zu klagen. Wenn wir diese Zeichen zu verstehen lernen und ihre tiefere Bedeutung begreifen, wird ein großer Teil unserer Sorgen und Probleme verschwinden.

Wer schwer Kontakt findet, trägt noch zusätzliche Last durch das Selbstmitleid, weil er nicht an seinen Mitmenschen interessiert ist, sondern nur an sich selbst. Jeden und alles hält er für schuldig, außer sich selbst. Dem einen wird Mangel an Verständnis vorgeworfen, der andere benimmt sich schlecht oder die Gesetze des Landes, in dem er wohnt, taugen nichts.
Ein solcher Mensch hat keine Ahnung, was innere Harmonie

bedeutet oder beinhaltet, was es bedeutet, sich mit Menschen verbunden zu fühlen, Liebe zu geben und Liebe zu empfangen.
Erst wenn sich das rechte Gleichgewicht in ihm hergestellt hat, begreift er, in welch chaotischer, dunkler Welt er – wegen seines Mangels an Verständnis – diese ganze Zeit hindurch gelebt hat.
Es ist so wichtig, im »Hier und Jetzt« zu leben, in diesem Moment und volle hundert Prozent. Und es kostet auch so unglaublich viel Energie, uns immer wieder in die Vergangenheit zu projizieren – Energie, die wir im Hier und Jetzt dringend brauchen.
Wir bedauern immer, was wir falsch gemacht haben. Das sollten wir nun ändern, indem wir so reagieren, wie wir inzwischen gelernt haben. All diese negativen Erwägungen kosten uns nur Energie.
Auch unsere Beschäftigung mit der Zukunft braucht Energie; und da die Zukunft immer anders ist, als wir sie uns vorstellen, wird auch diese Energie vergeudet.
All dieses Sich-Vertiefen in Vergangenheit und Zukunft hemmt Wachstum und Erneuerung.
Wenn wir uns weigern, diese Lektion zu lernen, die das Leben uns anbietet, kommt sie unwiderruflich in anderer Form wieder auf uns zu. Das führt dann aber zu immer umfassenderen Konfliktsituationen, die sich so zuspitzen und uns zur Verzweiflung bringen, daß wir Hilfe suchen müssen.
Das läßt uns begreifen, wie wichtig es ist, den Erfahrungen nicht ausweichen zu wollen. Es kommt darauf an, ihre Botschaft zu verstehen und daraufhin herauszufinden, was unser wirklicher Auftrag in diesem Leben ist. Unsere positiven Kräfte, unser Mut, unsere Intelligenz, unsere seelischen und geistigen Fähigkeiten helfen uns dabei.

In dieser Zeit großer Spannungen bleiben wir aufrecht stehen und sind so imstande, für andere da zu sein, weil wir durch Selbsterkenntnis und Selbstbesinnung zu sehen lernen, was wir innerlich zum großen Ganzen beitragen können.
Aus unserem eigenen Dunkel heraus beginnen wir das Licht zu

erfahren. Durch Bosheit, Leiden und Verwirrung hindurch erleben wir dankbar das Gute, Reine und Wahrhafte.
So finden wir Kraft, um weiterzugehen, und diese Kraft strahlt von uns aus.
Das heißt nicht, daß nun unser Leiden aufhört. Bis zu unserem Tod müssen wir geschliffen werden und haben Prüfungen nötig, um – durch Tiefen hindurch – dennoch erneuert und etwas weiser wieder nach oben zu kommen.
In diesen Prüfungen erfahren wir immer aufs neue, daß wir von allein nichts sind, sondern nur in Verbindung mit unserer Quelle, die unerschöpflich ist, das Leben so akzeptieren können, wie es zu uns kommt. Dann wird dies unser Motto: »Nicht mein Wille, sondern Dein Wille geschehe.« Nicht aus einer Haltung hoffnungsloser Passivität, sondern aus dem Verständnis für die wahre Bedeutung von Prüfungen, und das führt schließlich dahin, daß wir für die uns gegebene Gelegenheit dankbar sind.
Um dies zu erreichen, brauchen wir Zeit und müssen wir unausgesetzt üben. Wir müssen wachsam und aufmerksam sein und unserer Schwächen bewußt.
Dann können wir auch Unfreundlichkeit, Ungerechtigkeit, Verleumdung und Undankbarkeit ansehen und aushalten, ohne zu grollen oder negativ zu reagieren.
Jedesmal erforschen wir in uns selbst, ob die andere Seite vielleicht doch recht hat, ob wir vielleicht einen Fehler gemacht haben. Wenn ja, dann versuchen wir, das getane Unrecht wieder gutzumachen. Wenn nicht, dann lassen wir die Frage los und machen keine Sache daraus.
Auf diese Weise lernen wir zu vergeben und entwickeln Verständnis und Mitgefühl.
Wir wachsen durch unsere Erfahrungen und werden weiser.
Wir dürfen nicht zuviel auf einmal von uns selbst erwarten und eine Art »kleine Heilige« spielen. Das ist Eitelkeit.
Wir müssen einfach versuchen, in uns selbst zu entdecken, was unser Auftrag ist, mit Mut, Vertrauen und gläubiger Geduld, ganz wahrhaftig.
Wir können zurückfallen, mitunter sogar erneut Zeiten der Dun-

kelheit erfahren. Sie sind oft schwerer zu ertragen als vorher, weil wir das andere, das Licht, kennengelernt haben.
Es ist aber genau wie bei körperlichem Schmerz: wenn wir wissen, woher der Schmerz kommt, ertragen wir ihn leichter. Wir verstehen jetzt besser, daß etwas falsch sein, daß Disharmonie da sein kann. Das ist ein Signal, eine Botschaft, die uns nahelegt, in uns objektiv nach dem Grund zu suchen.

Wir lernen nun auch zu verstehen, warum Krankheit ein Segen sein kann. Es kann so sein: indem wir abseits gestellt werden, kommen wir aus dem Rausch und dem Gehetze unseres Lebens heraus zu uns selbst. Wir erhalten Zeit und Gelegenheit, uns selbst zu erforschen, um nachzudenken, uns zu ordnen und zu reinigen.
Daher kommt auch die Redensart: »Gott hat ein Hühnchen mit uns zu rupfen.«
Das erweckt ungekannte Möglichkeiten und heilende Kräfte in uns zum Leben.
Wenn wir unsere eigenen Schmerzen und Leiden vergessen können und offen bleiben zu den Menschen um uns herum, sollten diese heilenden Kräfte nicht nur durch uns, sondern auch durch die anderen hin strahlen.

2. *Die Überwindung unserer Angst:*

Angst kommt von Enge, eng sein.
Wir kennen alle Angst. Wenn wir darüber nachdenken, ist es erstaunlich, wie Angst in vielerlei Form und auf verschiedenen Ebenen in unserem Leben eine Rolle spielt.
Wenn wir beginnen, auf uns selber zu achten, auf unsere Handlungen und Reaktionen, entdecken wir sehr bald, daß dem Verlangen nach Erfolg und Beifall, aber auch der Eitelkeit eigentlich Angst zugrunde liegt.
Angst kann uns innerlich zerreißen. Angst wirkt hemmend auf unseren Wachstumsprozeß. Angst ist denn auch eine Gefahr für die weitere Evolution.

Aus unserem Unterbewußten kommen unzählige Ängste nach oben. Sie manifestieren sich und beeinflussen unsere Handlungen so lange, bis wir innerlich eine Stufe erreicht haben, auf der unsere positiven Kräfte stärker sind als unsere Angstgefühle. Dann verändern sich die Werte, und eine spirituelle Perspektive entzieht der Angst ihre Kraft.

In dieser Zeit, in einer immer gewalttätigeren Welt, in der wir uns immer mehr bedroht fühlen, scheinen Krankheit und Chaos als Manifestationen von Angst die Oberhand zu gewinnen. Für viele von uns, die sensitiv sind, labil oder medial veranlagt, ist die gegenwärtige Zeit besonders schwierig.

Diese Menschen leiden unter den emotionalen Schwingungen, die in Reaktion auf die herrschende kollektive Angst entstehen – Schwingungen, die den ätherischen Körper schädigend beeinflussen und sich in den Organen des Körpers widerspiegeln.

Um uns gegen derartige Einflüsse abzuschirmen, müssen wir uns täglich Zeit nehmen für unsere Meditation und meditative Übungen.

Gelingt es uns nicht, unsere Angst, z. B. vor Schmerzen, persönlichem Verlust, Alter oder Sterben, ganz zu überwinden, dann müssen wir diese Angst direkt anschauen und unsere Augen nicht vor ihr verschließen.

Wir stellen uns das Schlimmste vor, was vielleicht geschehen könnte, und was wir in diesem Fall wohl am besten tun könnten. Das gibt Ruhe und Selbstvertrauen.

Wir können auch das, was uns Angst macht, aus uns herausbringen, uns davon lösen. Das gilt vor allem für unsere emotionalen Reaktionen. Oder wir können uns vorstellen, daß das, was uns geschieht, einem anderen widerfährt. Was für einen Rat würden wir in diesem Fall dem anderen geben? Wir nehmen dabei an, daß er mit dem Rat sachlich und verantwortlich umgeht. Es wird ihm helfen und er bekommt dadurch mehr Inspiration und Kraft. Diese Vorstellung schlägt auf uns selbst zurück. Was im ersten Augenblick unvorstellbares Unglück zu sein schien, gibt uns jetzt Mut, Einsicht, moralische Kraft und Gaben, um auch anderen zu helfen.

Es ist immer leichter, die Probleme anderer objektiv zu sehen als unsere eigenen Schwierigkeiten, die durch Angst und Hoffnung gefärbt erscheinen und an denen unsere Emotionen beteiligt sind.
Haben wir unsere eigenen Probleme von allen Seiten angeschaut, dann lassen wir die Frage los und denken nicht mehr daran. Wir drehen die Sache nicht mehr in unserem Kopf herum. Wir haben unsere Entscheidung getroffen. Darum geht es. Kehrt das Problem doch wieder in unser Denken zurück, dann setzen wir es sogleich auf seinen Platz zurück, und wir versichern uns selbst, daß wir – was auch geschieht – der Situation weise und konstruktiv entgegentreten werden.
So lernen wir unsere negativen Gefühle zu überprüfen und zu beherrschen, und wir sparen unsere Energie. Unsere Gesundheit und innere Ruhe reagieren darauf, direkt und positiv.
Nichts ist so unvermeidlich, wie es scheint. Wenn wir mutig unseren Weg gehen, im Hier und Jetzt lebend, und den Augenblick voll nutzen, brauchen wir keine Angst vor irgendwelchen unglückseligen Ereignissen zu haben. Wir werden dadurch nicht mehr überwältigt und aufgerieben, so daß wir den Geschehnissen auf eine andere Art entgegengehen, mit Verständnis und Weisheit, mit Objektivität. Die Bedeutung jeder Begebenheit liegt nicht so sehr im Ereignis selber als vielmehr in unserer Reaktion darauf.
Konzentrieren wir uns darauf und sehen wir, was uns begegnet, als einen Test, dann wird unsere Angst immer mehr verschwinden.
Oft entspringt unsere Angst der Eitelkeit. Wir befürchten, daß andere uns dumm finden könnten. Wir wollen nicht zugeben, daß andere von irgend etwas mehr begreifen als wir.
Wir tragen ein bestimmtes Bild von uns selbst mit uns herum: das Ideal-Bild. Wenn wir ein Foto von uns sehen oder uns richtig im Spiegel anschauen, kann es sein, daß wir uns erschreckt fragen: »Bin ich das?« Wir nehmen uns sehr wichtig.
Wenn wir uns selber ein bißchen mehr vergessen könnten, wenn

wir weniger eitel wären, ginge es uns besser. »Ich« ist ein heiliges kleines Wort.
Solange wir so erfüllt sind von unserem »Ich«, von all den »kleinen Ichen« in uns, wachsen wir innerlich nicht. Wir sind durch sie gebunden, werden durch sie in allem gehindert. Wir müssen die Fesseln der »kleinen Iche« durchbrechen und uns selbst nicht für so wichtig halten.
Wer sich so wichtig findet, ist es nicht. Wer sich für vollkommen unwichtig hält, beginnt wichtig zu werden.

3. *Die Überwindung von Bosheit und Ärger:*

Häufig ist es ein verdrießlicher, hoffnungsloser Ärger, weil Schwierigkeiten und Leiden nicht aufhören, sondern dieselben Umstände und Probleme sich weiterhin immer wiederholen. Diese Wiederholung als solche müßte für uns eigentlich ein Fingerzeig sein, uns noch besonders intensiv damit zu befassen, herauszufinden, warum wir ein Mal übers andere mit derselben Situation konfrontiert werden. Das kann z. B. der Fall sein, wenn wir nur unter sehr großem Einsatz an einer Beziehung festhalten, die wegen Mangels an Liebe zum Scheitern verurteilt ist.
Objektiv, ohne Selbstmitleid, ohne eine Spur von Sentimentalität, ohne vor uns selbst eine Entschuldigung zu suchen, müssen wir uns und unsere Umstände genau untersuchen. Dann können wir plötzlich erkennen, daß wir in unserer Verblendung und in unserer Unwissenheit immer wieder am Kern der Sache vorbeigegangen sind. Mitunter auch aufgrund unserer Anlagen, unseres Charakters oder aufgrund einer falschen Beurteilung. Manchmal auch, weil wir an unserer Vergangenheit hängen bleiben: Wir müssen die Vergangenheit loslassen und sie nur noch als eine Lektion sehen, die wir lernen mußten und durch die wir unsere Schwächen und unsere Not kennenlernten.
Das Positive, Wertvolle, was nach dieser Selbstuntersuchung bleibt, ist dann, daß wir anderen helfen können, die in derselben Situation sind.
Die Neigung, am Vergangenen hängenzubleiben, ist eine der

Ursachen von Schwierigkeiten. Manchmal scheint es, als wären wir in eine Kristallisation fixierter Gedanken eingehüllt. Je mehr wir diesen Gedanken zugestehen, uns zu beherrschen, um so schwieriger wird es, uns von ihnen zu befreien. Material, das verhärtet und erstarrt, muß erst durch harte Schläge aufgebrochen werden, bevor eine neue Form entstehen kann.
Wir müssen uns jedoch befreien von Wahnideen, Angst, Mißtrauen und – am wichtigsten von allem – von der Identifikation mit der Persönlichkeit, die wir ein ganzes Leben lang waren, aber nun nicht mehr zu sein brauchen. Wir haben endlich die Lektion gelernt und wollen dieselbe Situation nicht noch einmal durchmachen.
Derartige Prozesse inneren Wachstums erfordern Zeit, manche Jahre und viel und regelmäßiges Üben. Nach und nach öffnen wir uns für die befreienden und erneuernden Kräfte. Unser Wesen wird frei, und der schützende Panzer ist nun nicht mehr notwendig.
Unseren Schutz und unsere Geborgenheit finden wir in unserem unverletzbaren Wesen, in der Tiefe unserer Schale.

Übung

Wir legen uns hin.
Wir rollen langsam unsere Wirbelsäule ab und fühlen uns einswerden mit dem Boden.
Liegen wir innerlich recht?
Wir lassen unser Becken hinten breit und schwer werden.
Auch unsere Hüftgelenke sind bleischwer.
Nun lassen wir durch die Haut hin unser Becken sinken, tiefer und tiefer, und wir gehen innerlich mit.
Gleichzeitig nehmen wir wahr, wie unser Atem aus der Tiefe unseres Beckens geschieht.
Wie innerhalb von Sekunden unsere Beine und Füße, unsere Fußsohlen, unsere Zehen und die Räume zwischen den Zehen zur Erde hin offen sind; sie strahlen aus.

Nun fühlen wir, wie die Poren unserer Kopfhaut sich öffnen. Sie atmen mit ein und aus, geben ab und nehmen auf.
Unser Kopf fühlt sich klar und leicht.
Wir nehmen wahr, wie weit geöffnet unsere Leistentore sind – bis hin zu den Zentren der Hüftgelenke.
Wir nehmen wahr, wie alles, was gestaut, gedrückt, gespannt, verkrampft war, losgelassen hat und nun durch die Leistentore verschwindet – durch unsere Beine, Füße, Zehen und durch die Räume zwischen den Zehen.
Wir fühlen uns entspannt und gereinigt.
Ruhig und rhythmisch atmend nehmen wir die Veränderung in uns wahr. Wir tasten ab, ob noch irgendwo eine schmerzhaft gespannte Stelle ist.
Wir widmen dieser Stelle besondere, liebevolle Aufmerksamkeit, und dadurch löst sich die Spannung darin auf. Es wird warm, das Blut strömt hindurch. Zufuhr und Abfuhr finden statt, und auch diese Stelle fühlt sich nun warm und durchstrahlt an.
Nun öffnen wir unsere Hände mit den Handflächen nach oben, wie empfangende Schalen.
Wir fühlen unsere Hände warm werden. Die Wärme breitet sich aus zu unserem Herzen hin. Das dumpfe, schwere Gefühl dort löst sich auf. Unser Brustkorb verändert sich mit, wird weit und leicht.
Angst und Emotionen machen Platz für Fröhlichkeit und Selbstvertrauen, Harmonie und Liebe.
Angst ist eine innere Spannung, die Stauungen verursacht und uns ersticken kann. Sie bringt Geschwüre und Verhärtungen mit sich.
Harmonie und Liebe jedoch durchstrahlen uns mit innerem Licht und fördern die Durchblutung, wodurch Linderung eintritt und den Verhärtungen entgegengewirkt und vorgebeugt wird.

Wir summen nun leise abwechselnd »aaaaaaaaaa« und »oooooooooo« mit dem Ausatem.
Wir fühlen Kraft und Licht durch uns hinstrahlen.
Wir stellen uns vor, wie zwei Bündel von weißem Licht aus

einem Punkt hoch über uns in jede Hand strahlen. Dieser Punkt bildet hoch über uns die Spitze eines Dreiecks, dessen Basis der Raum zwischen unseren Händen ist und dessen Seiten bis in die Mitte unserer Handflächen hinunterreichen.
Wir fühlen, wie unser Sonnengeflecht warm wird und Kraft empfängt.
Einige von uns werden wahrnehmen, wie das weiße Licht pfirsichfarben wird.
Jedoch machen wir uns keine Sorge, wenn wir das nicht wahrnehmen oder nichts fühlen. Wir konzentrieren uns auch nicht darauf.
Ruhig und bewußt atmen wir, abwechselnd »a« und »o« summend und langsam das »ooooo« in »uuuuu« verändernd.

Wir können dies unbesorgt längere Zeit üben. Es tut uns gut.

15 Der achtfache Pfad Buddhas

Über den achtfachen Pfad Buddhas sind viele Bücher geschrieben worden. Für mich persönlich kommt es in großen Zügen auf folgendes an:

Wir Menschen haben ein bestimmtes Verhältnis zu unserer Umwelt. Wenn wir etwas sehen, wahrnehmen oder unsere Anschauungen bilden, gehen wir von diesem Verhältnis aus.

Buddha sagt, daß wir lernen können, in unserer eigenen Seele jene Kräfte zu finden und zu entwickeln, die uns das rechte Verhältnis zur Welt geben werden, und er zeigt uns dafür den achtfachen Pfad.

Wodurch wird unser Verhältnis zu dieser Umgebung bestimmt?

In erster Linie durch alles, was in uns selbst wirkt; dadurch, daß wir über die Dinge so und so denken und über bestimmte Sachen diese und jene Auffassung haben. Buddha sagt, daß der Mensch sein Verhältnis zu seiner Umgebung bestimmt aus der Kraft des »Nicht-Wissens«, die ununterbrochen in der Seele wirkt.

Der achtfache Pfad lehrt uns:

Erstens: Wir müssen mit dem Wissen beginnen, denn: aus dem Wissen heraus können wir zur richtigen Einsicht gelangen.

Wir müssen versuchen, alles, was zu uns kommt, so zu sehen, wie es wirklich *ist*.

Wir können das allein aus uns selbst heraus bis in die Tiefe erkennen, und dadurch lernen wir auch unser »kleines Ich« objektiv zu sehen.

Der Schein des Nicht-richtig-Sehens löst sich auf, sobald das »kleine Ich« im »großen Ich« ruht, in der Tiefe unserer Mitte.

Erst dann sind wir in der Lage, die Menschen, die Tiere, die Pflanzen, alles was *ist,* so zu sehen, wie sie in Wirklichkeit sind, und können die *richtige Einsicht* erwerben.

Zweitens: Wir haben das Bedürfnis, alles uns Entgegenkommende in einem bestimmten Zusammenhang zu sehen und daraus Schlußfolgerungen zu ziehen. Auf diese Weise bietet sich immer Anlaß zum Projizieren dessen, was in uns selbst lebt.
Das Leben und Sein aus der Tiefe unserer Mitte ermöglichen uns jedoch eine Art der Urteilsbildung, durch die wir zu Folgerungen gelangen, die dem Wesen der Dinge entsprechen und sie in ihren tatsächlichen Zusammenhang stellen. So kommen wir zum *richtigen Schluß:* nicht durch eine Ver-urteilung, die kalt, kritisch, analytisch geschieht, sondern durch ein Urteil aus dem Wissen um das eigene Dunkel.
Drittens: Dann erst gebrauchen wir auch die *richtigen Worte* – Worte, die mit der Wahrheit im Einklang sind.
Viertens: Die richtige Einsicht, der richtige Schluß und das richtige Wort bringen uns zum *richtigen Handeln.* Nicht ein Handeln aus bestimmten Impulsen, Trieben und Emotionen, sondern ein Handeln, das sich gründet auf: die richtige Einsicht, den richtigen Schluß, das richtige Wort.
Fünftens: Wir sind auf eine bestimmte Weise in die Welt gestellt – in einen bestimmten Beruf, in eine bestimmte Verbindung zu unseren Mitmenschen. An dieser Stelle sehen wir uns selbst als zu wichtig oder zu unwichtig.
Es ist denn auch notwendig, daß wir uns selbst und unseren Platz in der Welt richtig einzuschätzen lernen und in uns das rechte Wollen und die entsprechende Selbstdisziplin entwickeln, um das *richtige Leben* mit unserem spezifischen Auftrag führen zu können.
Sechstens: Wenn wir so – mit der richtigen Einsicht, dem richtigen Schluß, dem richtigen Wort und dem richtigen Handeln – das richtige Leben aufbauen wollen, dann ist es wichtig, daß all unser Denken und Tun zur *richtigen Gewohnheit* wird.
Vieles, was unter Schwierigkeiten erreicht oder erobert worden ist, kann zu einer richtigen Gewohnheit werden, so bildet sich nach und nach eine Reihe guter Gewohnheiten, durch die wir uns weiterentwickeln können.
Siebentens: In unserem Leben findet eine bestimmte Entwick-

lung statt, ein Schleifprozeß. Dabei kommt es auf die *richtige Erinnerung* an.
Die Ereignisse von heute hängen zusammen mit denen von gestern, von vor einem Jahr, von vor zehn Jahren und noch früher. Wenn wir uns darin üben, diese Zusammenhänge aus der richtigen Erinnerung heraus zu durchschauen, kann sich etwas wie eine durchgehende Linie, wie ein »goldener Faden«, durch unser Leben ziehen. Das gibt uns innere Kraft und Stütze, um weiterzugehen und, die Linie durchziehend, an unserer Zukunft zu bauen.
Achtens: Das *richtige Sein,* aus dem heraus wir, bewußt, durch Konzentration und Meditation unser Teil-sein an der Erde und am Kosmos erleben.

Das ist in großen Zügen der achtfache Pfad, den Buddha den Menschen gab.
So lehrte er uns, wie von dem Funken unseres Bewußtseins, der in jedem von uns da ist, ein sanftes Licht ausstrahlen kann, das alle Dunkelheit in uns durchbricht.
Alles, was durch Buddha in die Welt gebracht wurde, ist aus einem tiefen Mitleiden mit allem Leid auf Erden geboren, aus tiefem Mit-er-leben der Kräfte der Finsternis, die uns Gott entfremden.
Aus dieser Gesinnung heraus brachte Buddha den achtfachen Pfad.

Gehen wir diesen achtfachen Pfad, dann werden wir selbst zum Erlöser von unseren eigenen Leiden.

Übung

Wir stellen uns mit unseren Füßen in Hüftweite auseinander. Unsere Füße sind etwas nach außen gerichtet, unsere Arme hängen locker am Körper herunter, unsere Fingerspitzen weisen zum Boden hin, unsere Handflächen sind nach innen gekehrt.

Wir atmen, ruhig und still, dreimal aufmerksam ein und aus. Danach atmen wir ruhig ein und heben gleichzeitig unsere Arme bis in Schulterhöhe mit den Handflächen nach unten.
Wir drehen die Handflächen nach oben um, wie empfangende Schalen, und atmen, während wir unsere Arme fallen lassen, langsam aus.
Während wir wieder einatmen, drehen wir die Handflächen nach innen; unsere Schultern kommen dabei von selbst an ihren Platz. Wir stehen ganz und gar gut.

Wir atmen aus mit »Aum« oder »Amen«, das wir in Silben summen: laut, deutlich, langgestreckt.

AAAAaaaaa – uuuuuuuuuu – mmmmmm
AAAAaaaaa – uuuuuuuuuu – mmmmmm
AAAAaaaaa – uuuuuuuuuu – mmmmmm
AAAAaaaaa – uuuuuuuuuu – mmmmmm
AAAAaaaaa – uuuuuuuuuu – mmmmmm oder

AAAAaaaaa – mmmmmmmmmm – nnnnnn
AAAAaaaaa – mmmmmmmmmm – nnnnnn
AAAAaaaaa – mmmmmmmmmm – nnnnnn
AAAAaaaaa – mmmmmmmmmm – nnnnnn
AAAAaaaaa – mmmmmmmmmm – nnnnnn

Wir können das ruhig sieben- oder neunmal oder häufiger tun.

16 Die Sinne

Jede Begegnung zwischen zwei oder mehreren Menschen sollte eigentlich ein besonderes Erlebnis mit eigener Dynamik sein und darf nicht mit Begriffen wie »Umgang« und »Kontakt« verwechselt werden.

Wir Menschen sind nun einmal Gemeinschaftswesen und wollen, unter Erhaltung der eigenen Individualität, im Zusammensein mit anderen erfahren, was uns aus uns selbst bekannt und vertraut ist.

Wir haben alle schon darüber nachgedacht, wie wir aus einem großen Bedürfnis nach Sicherheit heraus versuchen, im anderen dem Vertrautesten zu begegnen: dem eigenen Selbst.

Mit dem unbedingt Individuellen im anderen ist die Begegnung schwierig, oft sogar nicht möglich.

Kontakt findet zwischen zwei oder mehreren Menschen statt, die einander erreicht, berührt oder bei der Hand genommen haben, in einem Verbundensein durch gemeinsame Zuneigung, gleiche Denkungsart oder Ideale, übereinstimmenden Geschmack oder Vorliebe.

Diese Form von Kontakt ist konventionellen, auferlegten Regeln und Formen unterworfen. Der kontaktarme Mensch scheint nicht über diese Ausdrucksformen zu verfügen. Er kann bei dergleichen Kontakten nicht mittun und scheidet somit aus.

Kontakt zwischen zwei Menschen macht Umgang mit den anderen möglich. Jedoch dringen wir bei diesem Umgang kaum in den anderen ein. Wir lernen ihn nicht wesentlich kennen.

Eine wirkliche Begegnung ist Erleben und Erlebnis, das einen tiefen Eindruck bei uns hinterläßt, weil die Begegnung in einer Atmosphäre von Intuition, Vertrauen und Sicher-Sein stattfindet: dort, wo ich ich und du du sein darfst. Da fließen das ich-du- und das ich-selbst-Verhältnis zusammen zu einem gemeinsamen Einssein, das wir auch erleben.

Solche inneren Begegnungen brauchen wir, um wirklich Mensch zu werden.
Dabei helfen uns unsere Sinne, die sich im bewußten Atmen und durch meditative Übungen verfeinern.
Aus dem Sehen mit zwei Augen wird Schauen.
Sowohl im Taoismus als auch im Buddhismus wird auf die Rolle hingewiesen, die das Schauen in der Selbstverwirklichung spielt.
»Schauen«, sagen sie, ist »Wissen«. Alles Wissen und Verstehen entsteht aus Schauen.
Durch Schauen lernen wir uns selbst kennen, mit unseren Gaben und Talenten und mit unserer Dunkelheit. Wir lernen auch durch das Dunkle uns selbst zu heilen und heil zu werden.
Durch das Schauen entsteht Wärme in uns. Durch die Wärme kommen wir tiefer in unseren Körper hinein, der sich immer mehr für uns öffnet.
Durch das Schauen nehmen wir das Dunkle und das Licht in uns wahr.
Wenn wir uns dessen bewußt sind, können wir das Dunkle in Licht umwandeln, wodurch wir gesunden, heil werden.
Unser persönliches Licht und Dunkel gehören zu den zwei Mächten, die in unserer Seele und in der Welt als entgegengesetzte Kräfte einander bekämpfen und doch zusammenwirken.
Wir können aus dem Dunklen ins Licht hineingehen und danach wieder ins Dunkle zurückversetzt werden, um so uns an den Wechsel von Licht und Dunkel zu gewöhnen. Eine wirkliche Veränderung, für die anhaltendes Transparentsein ein Kennzeichen wäre, hat zur Voraussetzung, daß wir in unseren dunklen Grund hineingehen, gerade nachdem wir das Licht haben erfahren dürfen.
Wenn unser Bewußtsein zu sehr auf das Licht eingestellt ist und wir das Dunkle nicht erkennen, weder in uns selbst noch in anderen, sind wir zu wenig Mensch. Wir müssen die Gegensätze in uns kennen.
Jung sagt in seinem Kommentar zu Nietzsches Zarathustra:

Der eine in mir weiß, daß ich meine Freunde liebe, während der andere in mir weiß, daß ich meine Freunde nicht liebe. Liebe ist nicht etwas Absolutes, sie ist relativ. Sie besteht allein insofern, als Haß besteht. Das gerade ist paradoxes Bewußtsein. Es zeigt uns, daß das Bewußtsein die Begrenzung des Ego hinter sich gelassen hat. Das Bewußtsein ist nun selbst ambivalent.

Wer sein eigenes Dunkles nicht kennt, wer keinen Haß und keine Rachegefühle kennt, ist auch nicht imstande, Wärme und Liebe zu empfinden.
Wirkliche Wärme und Liebe entstehen bei der Vereinigung unseres mystischen Herzens mit dem inneren Auge, wobei wir unser Geborgensein in Gott erfahren.
So kommen wir durch das Schauen auf eine tiefere Weise nach außen. Unser innerlich schauendes Auge ist nämlich direkt mit unserem mystischen Herzen verbunden. Das mystische Herz wird dadurch geöffnet, und wir sehen den anderen mit Liebe und Verständnis.

So gelangen wir von selbst zu anderen Sinnen, die bei regelmäßiger und anhaltender Übung auch verfeinert werden.
Das Riechen ist immer mehr bewußt mit dem Atmen verbunden: von der Nasenhöhle zum Hinterkopf, von dort zu unserem Unterbauch und seiner Tiefe. So reinigt und verschärft sich unser Wissen. Zum Beispiel: Ist dieser Umgang gut für mich oder schlecht? Steht dies oder jenes in einem schlechten Geruch? Auch ein Wahrnehmen von Gerüchen auf große Entfernung wird möglich: Man verspürt z. B. noch weit von der Küste den Geruch des Meeres oder eines tropischen Landes.
Das Schmecken wird zum Wahrnehmen, zum intuitiven Kennen und Erkennen. Das verfeinerte Hören gibt uns die richtigen Worte und Gedanken und das Ich-Bewußtsein. Wir können horchen, ohne den Sinn dessen, was wir hören, in uns aufzunehmen. Wir können auf den Ton und auf die Wörter horchen. Den Ton nehmen wir durch unsere Ohren wahr, während für das Wahrnehmen der Wörter auch noch ein anderes Organ notwendig ist. Zum Horchen, Wissen und Verstehen verbindet sich das

innere Ohr mit dem inneren Auge und dem mystischen Herzen.
Das innere Auge ist mit unserer Mitte verbunden und öffnet die vitale Kraft in uns. Zwischen beiden besteht eine Wechselwirkung. Das innere Ohr verschärft das Horchen nach innen, verfeinert die Intuition.
Das mystische Herz strahlt – wenn es geöffnet ist – zwischen den Innenseiten der Schulterblätter aus und gibt uns die Wärme, die Weisheit, das Verständnis für den Umgang mit anderen.
Das innere Auge und das innere Ohr sind direkt mit dem mystischen Herzen verbunden, und durch diese Verbindung erreichen wir in uns eine ganz andere Ebene.
Dabei wird uns durch bestimmte Gaben geholfen, die notwendig sind, um uns tiefer nach innen zu wenden: Vorstellungsvermögen, Inspiration und Intuition. Unser Vorstellungsvermögen hilft uns, den Weg, den inneren Pfad zur tiefen Quelle in uns zu finden, zum Chi-Punkt, durch den das Prana hineinströmt.
Die inneren Wege, die wir durch das Atmen vom Chi-Punkt aus erschließen, sind die Meridiane der Akupunktur. Wir finden sie, indem wir unsere Augen schließen, alle äußeren Dinge loslassen und uns nach innen wenden, durch unser Atmen.
Unser Blutkreislauf kommt dann zur Ruhe und unsere Sinne verfeinern sich.
Wer sich so, ganz ruhig, innerlich abtastet, wird von dem Wissen tiefen Verbundenseins mit Gott durchdrungen. Wir sind so daran gewöhnt, nach außen hin abzutasten, ob etwas kalt oder warm ist, rauh oder glatt, hart oder weich, daß das »Nach-Innen«, das innere Abtasten, ein unbewußtes Erlebnis bleibt.
Tasten wir bewußt innerlich ab, dann erleben wir eine Strahlung – so intensiv, daß wir uns rein, offen, erwärmt und heil fühlen. Erneuert. Und wir fühlen uns durchdrungen von Gott, wir erfahren ihn.
Ohne das innerliche Abtasten, ohne das Einfühlen werden wir dieses Gottesgefühl nicht kennen.
Das Gefühl des Rein- und Klarseins, das zusammengeht mit dem geöffneten mystischen Herzen, hat unmittelbar mit den Christus-

Kräften, den Liebeskräften in uns zu tun. Das Gefühl des Rein- und Klarseins, das Einfühlen in den anderen mit Verstand und Weisheit hilft uns zu begreifen, was diesem anderen Freude macht oder ihn ärgert. Das Gefühl des Rein- und Klarseins geht zusammen mit geöffneter Haut und mit dem Atmen und Sein aus der Tiefe unserer Mitte.

Sind wir nun mit geöffneter Haut da, dann geben wir von unserer Wärme und unseren Liebeskräften dem anderen und bekommen Wärme und Liebeskräfte zurück.

Wir sind bereit, zu geben und zu empfangen, und in diesem Bereitsein können wir innerlich eine großartige Begegnung miteinander erleben. Dabei denke ich vor allem an Meditationsgruppen. Es herrscht dann keine Einsamkeit mehr.

Atmen aus der Tiefe und mit offener Haut gibt uns die Stille, die heilend und reinigend in uns wirkt und noch lange nachwirkt.

So bringen wir in uns und einer im anderen einen Prozeß der Verinnerlichung in Gang, in dem das große Ich sich immer stärker und klarer entwickelt.

Das tut die Meditation.

Wenn wir uns in einer inneren Begegnung mit dem großen Ich, dem großen Selbst in uns und mit anderen verbunden fühlen, was als Geborgenheit und Glück erlebt wird, dann erkennen wir den anderen und seine einmalige Persönlichkeit.

Die Welt ist so dunkel, so feindselig.

Die Menschen sind so einsam und verlassen.

Allein Liebe, Weisheit und Licht können eine Gegenkraft gegen all das Dunkle bilden.

In jedem von uns lebt das Licht, und gleicht es auch eher einem schwachen Funken, so geht von ihm doch schon ein matter Lichtglanz aus.

Das Dunkle und das Leid auf Erden sind da, um in den Menschen die Kräfte der Liebe wachzurufen als die einzigen Kräfte, die imstande sind, das Dunkle zu durchdringen und das Leid aufzulösen.

Der Weg der Liebe ist nicht ein Aufsteigen zu einem entlege-

nen Ziel, mit dem wir uns aus einem inneren Egoismus heraus verbinden wollen; das wäre eine Flucht.
Der Weg der Liebe wendet sich zur Erde hin, wendet sich allem zu, was lebt, allem, was Mensch ist.
Dieser Weg hilft uns, unser Leben anzunehmen und unseren Auftrag zu erfüllen.

Buddha brachte die Lehre von Liebe und Mitleid.
Jesus ist die Liebe selbst. Er lebte uns, zu welchem Glauben, zu welcher Welt wir auch gehören, den neuen Menschen vor.

Wie dunkel, wie bitter wir uns auch fühlen – wenn die Liebeskräfte in uns da sind und wir uns dessen bewußt sind, dann transformieren wir all das Leid in uns zu Licht und Kraft. Das macht uns frei.

Übung

Wir legen uns ruhig auf den Boden, die Arme am Körper entlang, unsere Hände mit den Handflächen nach unten. Unsere Füße sind entspannt, locker, nach außen gekehrt.
Wir atmen ruhig und rhythmisch und folgen dem Atem, bis »es durch uns atmet«.

Sehen: Wir halten unsere Zeigefinger in Augenhöhe und schauen durch unsere Finger hindurch: schon ein wenig Schauen öffnet uns innerlich und reinigt uns vom Kopf bis in die Füße.
Nun strecken wir unsere Arme und schauen auf unsere gehobenen Zeigefinger. Wir schauen durch sie hindurch und bleiben dabei. Wir lassen nun unseren Kopf unbewegt, während wir unsere Arme langsam von vorn seitwärts bewegen und zurück.
Was spüren wir jetzt?

Riechen: Wir kriechen mit unserer Aufmerksamkeit in unsere Nasenspitze hinein und nehmen wahr, was sich in uns öffnet.

Wie weit und wie tief geht das?
Wir riechen aufmerksam und bewußt mit beiden Nasenlöchern, leicht und ruhig.
Spüren wir die Veränderung?

Schmecken: Wir gehen in unsere Zungenspitze hinein. Was öffnet sich mit? Wir machen uns das bewußt, durch den ganzen Körper.
Durch das vertiefte Schmecken verändern sich unsere Werte.
Wir stellen uns den Geschmack vor von etwas, was wir gerne haben, und wir »essen« es mit beiden Seiten unseres Mundes.
Nehmen wir in uns wahr, was mit aufgeht?

Horchen: Wir horchen nach einem Geräusch – mit beiden Ohren versuchen wir es aufzufangen.
Was öffnet sich deutlich in uns mit?

Berühren, tasten:
• Wir berühren die linke Seite unserer Nase mit einer Hand und fühlen ein.
Wir gebrauchen nun beide Hände an beiden Seiten unserer Nase.
Wir fühlen, wie tief wir uns öffnen.
• Wir tasten innerlich ab, ob unsere linke und rechte Hälfte gleich offen sind, gleich warm von innen aus, gleich von innen aus leuchtend.
Fühlen wir uns nun anders, erfrischt?

Dann schlucken wir und blinzeln mit den Augen.
Aus unserer Mitte heraus bewegen wir unsere Füße, unsere Hände, unsere Schultern.
Wir bewegen ganz langsam den Kopf von links nach rechts. Und wieder zurück. Wir sind in der Bewegung.
Dann recken und strecken wir uns und gähnen.
Wir legen unsere Hände auf den Unterbauch.
Wir fühlen, wie der Einatem aus der Tiefe kommt und rundum rund wird.

Wie der Ausatem durch die Tiefen hingeht bis zur Mitte unserer Füße.
Wir machen das dreimal.
Wir fühlen den Kreuzpunkt von Ein- und Ausatem.
Wir machen uns dies bewußt und tragen es in uns mit.
Wir stehen langsam auf.

17 Liebe und Weisheit

Wenn wir uns in der Adventszeit, den Wochen der Vorbereitung auf das Weihnachtsfest, mit dem Gedenken an die Geburt Jesu beschäftigen, können wir in der Bibel lesen, wie Matthäus dieses Ereignis beschreibt und was uns Lukas darüber erzählt. Wir bemerken dann den völlig unterschiedlichen Ton, der aus den beiden Erzählungen spricht.

Lukas beschreibt die Atmosphäre der Stille, der Einsamkeit und Verlassenheit ohne äußerlichen Glanz und Schönheit. Zugang dazu finden wir allein durch die Liebe, die in unserer eigenen Seele für dieses Geschehen lebt.

Eine ganz andere Atmosphäre atmet die Geburtserzählung des Matthäus. Er berichtet, wie die Weisen aus dem Orient, die Priesterkönige, die Geburt dieses Kindes erwarten, das einmal der Erlöser der Welt werden soll. Aus ihrer tiefen Sternen-Weisheit wußten sie, daß der Augenblick der Geburt nahe war.

Sie zogen mit einer großen Karawane los, um dem Kind, das geboren werden sollte, zu huldigen, so wie es ihnen geweissagt war.

Sie brachten reiche Geschenke mit: Gold, Myhrre und Weihrauch; Gaben, die große Kräfte in der Entwicklung der Menschheit versinnbildlichen.

Gold bedeutet Weisheit – in der Welt wirkende Weisheit.

Myhrre zeigt die Kraft an, die als Wille zur Tat in der Seele wirkt.

Weihrauch stellt die Gefühlskraft dar, die in der Seele lebt und sich mit den himmlischen Kräften verbindet.

So kommen in dieser Erzählung höchste Liebe und höchste Weisheit zusammen. Verbunden werden beide in der Taufe Jesu durch Johannes den Täufer.

Nach dieser Taufe hat Jesus nur drei Jahre auf Erden gewirkt.

Es gibt Menschen, die meinen, daß die Worte, die Jesus in diesen drei Jahren gesprochen hat, nicht hinausgehen über all das, was bereits durch andere große Lehrer und Propheten gesagt wurde. Abgesehen davon, daß diese Meinung anfechtbar ist, gibt es noch etwas anderes von viel größerer Bedeutung: in den drei Jahren des Wirkens Jesu auf Erden ist nämlich nicht die *Lehre* das Vornehmste gewesen, sondern die *Handlungen,* die Taten der Liebe, die durch ihn auf Erden verrichtet wurden.

Wir sehen einen fortwährenden Heilungsprozeß. Nicht allein die Heilung der Lahmen, der Blinden, der Aussätzigen, der Sterbenden. Es ist mehr. Es ist eine unausgesetzte Heilung von allem, was als *Menschenleid,* als *Menschheitskrankheit* die ganze Erde durchdringt.

In den vier Evangelien ist der Gedanke der Wiedergeburt lebendig. Jesus verkündigt überall: »Werdet wiedergeboren«.

Das ist der Heilungsprozeß, um den es geht.

In uns allen lebt die Kraft der Liebe.

Im vorigen Kapitel habe ich bereits gesagt: Die Bedeutung des Leidens auf Erden ist, im Menschen, in uns allen, die Kräfte der Liebe wachzurufen, als die einzigen Kräfte, die das Leid zu durchdringen, zu heilen und in Licht umzuwandeln vermögen.

Das große Geheimnis der Mysterien aller Zeiten ist dies: Wir selbst tragen in uns das Licht, das die Verbindung mit Gott ist.

In jedem Menschen ist das göttliche Licht anwesend, was für ein kleiner Funke es auch sein mag.

Der Hindu-Eingeweihte sagt: »Soham« – »ich bin er«.

Die Antwort darauf ist: »Tat twam asi« – »das bist du«.

Dasselbe meinte Mohammed, als er seine Anhänger lehrte: »la iilahi illa llah«, das bedeutet: »Es gibt nichts als Allah«, oder: »Du bist Allah, und zu ihm sollst du zurückkehren.«

In der Sprache der Mysterien:

Du bist das Licht,
das Licht ist in uns,
suche das Licht.

Erkenne dich selbst, denn indem du dich selbst erkennst, sollst du Gott erkennen:

das
allumfassende,
alldurchdringende
allgegenwärtige Sein.

Dies ist der Kern jeden Menschenlebens.
Dieses Geheimnis wird in und von allen Mysterien umschlossen und verborgen und manchmal einzelnen offenbart.
Was Jesus uns lehrt: »Ich bin der Weg, die Wahrheit und das Leben«, das Geheimnis der Selbsterkenntnis, kann *in* und *durch* uns in unserem täglichen Leben entdeckt und verwirklicht werden.
Niemals ist diesem Geheimnis in der äußeren Welt näher zu kommen, dies ist nur möglich durch stufenweises Weitergehen in der Selbsterkenntnis, wodurch und worin derjenige, der sucht, immer mehr von sich selbst kennenlernt als Nicht-Selbst, als getrennt vom Selbst.
Es geht darum, das, was in uns getrennt und gegensätzlich ist, das Selbst und das Nicht-Selbst, zu unterscheiden und zur Einheit zu bringen.
Diese Einheit, die Wahrheit ist, ist das universelle Selbst.
Und daraus ergibt sich, daß Dienen die zusammenhängende Kraft sein muß, durch die und in der Einheit verstanden werden kann.
Diesen inneren Weg finden wir durch Einkehr in uns selbst. Dabei müssen wir zugleich versuchen, die Neigung zu überwinden, diesen Weg individuell und selbstzufrieden zu gehen.
Zusammengehörigkeit, Bruderschaft, Nächstenliebe und Hilfsbereitschaft müssen wir in uns entwickeln.
Das geht nicht von selbst: Jede Selbsterkenntnis muß erobert werden, muß eigene Arbeit sein, entsprechend den eigenen Anlagen und dem eigenen Charakter.
Früher erhielt der Lehrling in den Mysterien als erste Aufgabe: »Suche das Licht«, das Licht der Weisheit.
Hatte er die Aufgabe befriedigend ausgeführt, kam die folgende

Anweisung: »Das Licht ist in dir, hilf es anzuzünden«. Und wenn das geschaut und wahrgenommen wurde, folgte: »Du bist das Licht«.
Und schließlich kam der Auftrag: »Laß dein Licht leuchten«. Das heißt: Gib das Licht der erworbenen Weisheit weiter an andere.

Suche das Licht.
Das Licht ist in dir, hilf es anzuzünden.
Du bist das Licht.
Laß dein Licht leuchten.

Übung

Wir stellen uns hin, mit unseren Füßen in Hüftweite auseinander, unsere Schultern, Arme und Hände lose herunterhängend.
Unser Kinn ist angezogen und unser Scheitel nach oben gerichtet.
Wir legen den Akzent tief in unseren Unterbauch und atmen von da aus ruhig und rhythmisch.
Unser Körpergewicht ruht auf beiden Füßen.

Mit dem Einatem bewegen wir uns nach links und bringen das volle Körpergewicht mit dem Ausatem auf unseren linken Fuß; was nicht in uns gehört, geben wir durch die geöffneten Fußsohlen in die Erde ab. Unsere linke Seite ist dann wie eine Säule, senkrecht aufsteigend aus der Erde.
Dann bewegen wir uns einatmend nach rechts und geben mit dem Ausatem das volle Körpergewicht an unseren rechten Fuß ab und durch die offene rechte Fußsohle an die Erde. So wird unsere rechte Seite eine Säule.

So bewegen wir uns weiterhin nach links und nach rechts und meditieren gleichzeitig auf den Gedanken, daß alle Dinge aus Licht und Klang entstanden sind.
Die Erde, der Himmel, ja die ganze Schöpfung ist entstanden aus

dem göttlichen Licht, dem göttlichen Klang und den göttlichen Schwingungen.
Auch wir sind Teil davon und können nicht existieren ohne die göttlichen Schwingungen und ohne die göttliche Energie.

Während wir uns noch immer zwischen unserem linken und unserem rechten Fuß hin- und herbewegen, stellen wir uns vor, daß wir eine große goldene Glocke läuten. In Tibet ist die Glocke das Symbol des inneren Weges.
Wir bewegen das Glockengeläut im Rhythmus unseres Hin- und Herbewegens vom linken auf den rechten Fuß.
Gleichzeitig singen, summen wir tief von unserem Becken aus:
nam. NNNNNNNNN – aaaaaaaaaa – mmmmmmmmmmm. Das ist der Ton unseres Herzens.
Die Glocke strahlt Wellen von Licht und Klang über uns aus, goldenes Licht und andere Farben.
Wir fühlen uns innerlich eins und verbunden mit allem, was ist, voller Energie und Glück.

18 Das Licht

Das vorhergehende Kapitel haben wir mit den vier kurzen Sätzen beendet:

Suche das Licht der Weisheit.
Das Licht ist in dir, hilf es anzuzünden.
Du bist das Licht.
Laß dein Licht leuchten.

Vier Stufen der Selbstentfaltung und Selbsterkenntnis.
Vier Aufgaben, die der Lehrling der Mysterienschulen früher in sich zu verwirklichen versuchen mußte.
Eine aus vielen Mysterienlehren, doch sonderbar passend für den Weg, den wir miteinander zu gehen versuchen.

Wir reifen und entwickeln uns auf dem inneren Weg auf unsere eigene Weise, in eigener Zeit und im eigenen Rhythmus.
So lernen wir die Jakobsleiter in uns kennen, die Leiter des Seins.
Immer mehr dürfen wir erfahren, daß das Licht der Kern in uns ist, der Kern in uns allen und von allem, was ist.
Durch das Atmen, durch die offene Haut, aus unserer Quelle heraus öffnen wir uns für den großen Atem, der alles beatmet, und wir öffnen uns für das Licht.
Wer das Licht nicht in sich sieht, erfährt es auf andere Weise: durch Wärme, durch Raum in sich. Oder indem er froher wird und merkt, daß er den Tag mit mehr Mut, mehr Vertrauen und gläubiger Geduld erlebt.
Immer und in allem leuchtet das Licht.
Jeder hat seinen eigenen Namen dafür, seine eigene Form und Anrede, seine Art der Anerkennung, Erfahrung oder Verehrung.
Dieser Weg des Lichts ist schwer zu finden, schwierig zu gehen.
Und schwierig ist es, diesen Weg treu zu gehen und für ihn alles hinzugeben.

Jesus hat gesagt: »Sucht, so werdet ihr finden. Klopft an, so wird euch aufgetan.«
In dem Satz: »Hilf das Licht anzuzünden« liegt das Suchen verborgen, das Suchen in uns selbst, objektiv in bezug auf uns selbst, mit Selbsterkenntnis.
Wir müssen lernen, das einengende Ego-Denken zu überwinden, diesen verhärteten Denkknoten in uns.
Wir müssen lernen einzusehen, daß unser Ich nicht unser wahres Wesen, nicht unser großes Selbst ist.
Unser wahres Selbst ist etwas viel Nobleres und Mächtiges, etwas Geistiges und Göttliches.
Wir sind, obwohl wir das denken, keine einzeln lebenden Wesen. Die ganze Menschheit ist untereinander verbunden.
Weil wir durch die Entfaltung unseres technischen Verstandes und durch unser scharfes analytisches Denken die Erde selbstsüchtig gebrauchen, gibt es ständigen Kampf untereinander mit all den dazugehörenden Nöten und Gefahren.
Unser eigentliches Ziel liegt viel höher: Wir müssen – jeder von uns in sich selbst – auf Veränderung gerichtet sein: vom Egoisten zum Altruisten.
Bewußt müssen wir in uns die Nächstenliebe und die Zuneigung zu allen anderen Menschen heranbilden. Wir müssen hilfsbereit und guten Willens sein und die Mitmenschen so behandeln, wie wir von ihnen behandelt werden möchten.
So erweitert sich unser Denken, und unsere Welt und unser Blickfeld werden geräumiger.
Diese veränderte Einstellung wirkt sich für jeden von uns zuerst im eigenen Kreis aus, bevor wir damit an die Außenwelt treten.
Auch lernen wir, immer wieder von neuem zu beginnen.

Unsere Gedanken sind mächtige, selbstschöpferische Kräfte. Das bedeutet, daß sie Wirkungen und Folgen haben. Das vergessen wir oft.
Wir sind verantwortlich für das, was wir denken, und für die Art der Gedanken, die wir in uns zulassen. Die Folgen und Wirkungen unserer Gedanken gehen auf unsere Rechnung.

Durch die Art unseres Denkens schaffen wir mit an unserem eigenen Charakter. In der Bibel, im Buch der Sprüche, heißt es: »Was ein Mensch denkt, das ist er.«
Die Upanishaden lehren: »Was ein Mensch denkt, das wird er.«
Unsere Taten entspringen automatisch unserem Denken und unserem Charakter.
In uns selbst liegen die letztendliche Wahl und Entscheidung über den Inhalt unseres Denkens und unsere Denkgewohnheiten, die wir angenommen haben. Durch Selbsterkenntnis müssen wir unsere Gedanken auszuwählen lernen. Das heißt: falsche Gedanken auszuschließen und zu ersetzen durch gute.
Falsche Gedanken müssen wir nicht bekämpfen, das würde nicht helfen, denn wir bleiben doch mit ihnen beschäftigt. Wir müssen auf sie achten, wach im Hier und Jetzt, und sie einfach durch bessere Gedanken ersetzen. Das mag seltsam klingen, wenn wir aber darauf achten, uns daran gewöhnen und stets üben, gelingt es uns wirklich immer besser.

Wir müssen auch nicht mit Reue zurückblicken. Wenn wir sicher wissen, daß wir falsche Taten unserer Vergangenheit nicht wiedergutmachen können, müssen wir loslassen. Es kostet uns nur Energie, wenn wir, voller Reue, begangene Fehler immer wieder aufrühren, und wir verstärken damit nur die falsche Tat.
Wir befreien uns nicht von der Vergangenheit, wenn wir bemüht sind, sie zu vergessen oder zu verleugnen. Nur indem wir sie erneut durchleben, bewußt und mit Einsicht, lernen wir sie zu beherrschen und loszulassen, und dann hat die Vergangenheit keine Macht mehr über uns.

Um aus unserer Quelle, aus unserer Mitte heraus zu leben, müssen wir die Richtung verändern: statt einseitig nach außen gerichtet zu sein, müssen wir beginnen, uns nach innen zu wenden.
Diese Umkehr in uns ist das wichtigste Ziel der Meditation: das Äußere wird darin mit dem Inneren verbunden.

Das Licht vermehrt sich in uns durch unser Bewußtwerden und führt uns so zu intuitivem Empfänglich-Sein für den Zusammenhang zwischen Vergangenheit und Heute. Wer so seine Vergangenheit erfahren kann, so die Linie vom Vergangenen zum Heute sehen kann, der ist auch imstande, die Struktur seiner Zukunft zu erkennen.

Übung

Wir setzen uns auf einen Hocker und suchen unser heiliges Dreieck auf, den untersten Steißbeinwirbel und die beiden Sitzknochen.
Wir verbinden diese drei Punkte zu einem Dreieck und nehmen wahr, wie diese Fläche nach oben ausstrahlt. Wie es uns öffnet und wärmt, wie das Licht durchbricht in uns.
Auch nehmen wir wahr, wie unsere Beine und Füße sich verändern und Spannung und Müdigkeit, Krampf und Versteifung loslassen durch die beiden Dreiecke in unseren Füßen: das Fersenbein, die ersten Knochen der beiden kleinen Zehen und die ersten Knochen der beiden Großzehen.
Wir folgen dem Loslassen durch die Fußsohlen, durch die Zehen und zwischen den Zehen.
Wir erfahren die Veränderung durch uns hin und nehmen wahr, wie die verschiedenen Teile unseres Körpers untereinander verbunden sind.
Von der Tiefe unserer Mitte her fühlen wir uns innerlich gerade und recht, und wir nehmen unsere Wirbelsäule wahr, aufrecht und warm, entspannt. Eine Säule.
Wir öffnen unsere Augen und Ohren von innen her, unseren Mund und unsere Nase, Hände und Füße.
Unsere Sinne werden zu Antennen, mit denen wir von innen her nach außen abtasten.
Dann öffnen sich unsere inneren Tore: Gefühle, Eindrücke, Bilder, Töne, Gerüche, Geschmäcke kommen zu uns herein, werden empfangen, aufgenommen und integriert durch unser ganzes Selbst.

Ganz ruhig, als wären wir unser eigener Zuschauer, nehmen wir in uns wahr.
Mit geöffneten oder geschlossenen Augen werden wir empfänglich für jedes Bild, jeden Ton – was immer uns erreicht.
Licht oder Dunkel, Stimmen, Wind und Regen, Bewegung, Musik, Straßengeräusch, wir lassen sie frei zu uns hereinkommen, ohne sie unmittelbar zu registrieren, und nehmen sie auf in die Stille in uns.
Dieses Hereinkommenlassen braucht Entspannung und Konzentration, und diese beiden müssen wir durch ständiges Üben zu beherrschen lernen.
Das erfordert anhaltendes Üben. Je treuer wir täglich üben, um so leichter wird es uns werden.
Wenn wir uns jetzt einmal von innen aus weit und rund fühlen, fragen wir uns: ist mein Becken breit und schwer? Fühlt es sich breiter und schwerer an, als es in Wirklichkeit ist?
Fühlt sich jedes Bein, jeder Fuß – von unserem weiten Bekken aus – gleich schwer und entspannt an?
Nun schauen wir in die Tiefe unseres Beckens und nehmen unsere Wirbelsäule als eine wunderschöne, weiße Elfenbein-Treppe wahr.
Wir gehen ehrfürchtig die Treppe hinauf, Stufe um Stufe, bis zum Atlas, dem obersten Nackenwirbel. Das Kinn ist angezogen, so daß Nacken und Rückenwirbel eine aufrechte Linie bilden und unser Scheitel zum Himmel weist.

Von dieser aufrechten Wirbelsäule aus lassen wir bewußt unsere Schultern, unsere Arme und Hände los. Schwer liegen die Hände ineinander in unserem Schoß. Unser Atem geht von selber, von unserer Schale aus.
Unser Rücken ist breit und schwer.
Unser Becken, unsere Schale, ist weit und schwer und eins mit dem, worauf wir sitzen, sei es der Fußboden, der Stuhlsitz oder der Boden in unserem Garten.
Jetzt lassen wir die Spannung los aus unseren Oberschenkeln

und fühlen die Hinterseite unserer Oberschenkel wie flüssig, so daß sie breit werden und seitwärts ausbauchen.
Wir entspannen die Kniegelenke rundherum, indem wir Raum schaffen zwischen Haut und Gelenk.
Wir entspannen die Unterschenkel rundherum, indem wir zwischen Haut und Unterschenkel Raum zulassen und dabei besonders auf Wade und Achillessehne achten.
Wir bringen Raum zwischen die Haut und die Fersengelenke, rundherum, auch hinten an unseren Fersen.
Wir bringen Raum zwischen Haut und Füße, zwischen Haut und Zehen, zwischen die Haut und die Zwischenräume zwischen den Zehen.
Nun prüfen wir, ob unsere Füße wirklich entspannt sind, ob sie sich »wolkig« fühlen, als wären sie aus einer anderen Substanz. Sind beide Füße gleich entspannt?
Wir fühlen jetzt deutlich, daß unsere Haut zum Sinnesorgan geworden ist: alle Poren atmen mit ein und aus, empfangen und geben ab.
Wir nehmen wahr, wie tief und langsam unser Atmen geworden ist und wie tief unsere Entspannung.
So können wir tiefer nach innen horchen, und unser Geist ist klar und bereit, sich auf die Meditation zu konzentrieren, auf die meditativen Übungen oder wozu wir sonst aufgefordert werden.

Offen zwischen Himmel und Erde leben wir bewußt aus der Verbindung zwischen diesen beiden.

19 Meditation I

Bis hierher sind wir nun langsam zur Meditation hin gewachsen.
Uns ist deutlich geworden, daß eine vollständige innere Umwälzung notwendig ist, um uns mit unserem Wesen in Verbindung zu bringen. Schließlich ist das Wesen jenseits von Gut und Böse, während unser irdisches Dasein den Schatten- und Lichtkräften ausgesetzt ist.
Das Wesen umfaßt sowohl das Positive, Leuchtende, Transzendente als auch das Negative, Dunkle in uns. Allein aus der Kenntnis dieser beiden Pole in uns können wir das göttliche Sein erfahren und bezeugen.

Die Tiefenpsychologie legt die Betonung darauf, daß wir die Gegensätze, die sich in uns abbilden, als Licht und Dunkel, Freude und Kummer, Yang und Yin usw., gleichzeitig erleben.
Das Licht in uns zu kennen, beschützt uns vor Depressionen, es heilt uns und macht uns heil.
Das Dunkle in uns zu kennen, bewahrt uns vor Mangel an Ehrfurcht, vor Miesmacherei und Anmaßung.
In zahlreichen Symbolen wird uns das Zueinandergehören der Gegensätze gezeigt, so im Kreuz, im sich drehenden Rad der Entwicklung und in der Brücke.
Erst wenn wir unser wahres Selbst entdecken, entsteht Einheit *in* uns, und wir erfahren die Einheit *mit* Gott. Das bedeutet auch, daß sich in dieser Einheit alle Gegensätze in uns und außerhalb von uns auflösen. Dann gehen wir den inneren Weg, und wir gehen ihn unser ganzes Leben: es gibt keine andere Wahl mehr.
Der innere Weg ist ein Weg, auf dem wir Gott dienen und uns von ihm abhängig wissen.

Was wir gelernt haben, was uns offenbart worden ist, müssen wir, wenn die Zeit dafür da ist, an andere weitergeben und so helfen, den Weg für die neue Welt zu bereiten.
Im ersten Kapitel habe ich gesagt, daß wir in ein neues Zeitalter eingetreten sind, in dem Konfrontation entsteht, zum einen zwischen denen, die wissen, und denen, die nicht wissen wollen; zum anderen zwischen denen, die wissen, und denen, die wissen *müssen*.
Manche von uns wollen nicht wissen, andere werden wissen müssen, wenn die Zeit dafür gekommen ist.

Jeder von uns muß *jetzt,* heute, jeden Augenblick sich für die Übergabe an Gott entscheiden.
Das schließt ein, daß wir auf eine neue, dienende Weise für andere da sein sollen, weil wir wissen, wer wir sind, und nach außen hin auch wissen lassen möchten, wer wir sind und wofür wir uns entschieden haben.
Im inneren Wissen sollen wir mit allen auf einer neuen Ebene verbunden sein. Dies hat mit den Christus-Kräften in uns zu tun, die zur Liebe und Dienstbarkeit inspirieren.

Gott ist überall und in allem gegenwärtig.
Aus dem Dunkel kommt er als Licht hervor und begegnet uns als mitfühlende, verstehende und uns begleitende Wesenheit.
Dieses Erleben, dieses Fühlen seiner Nähe ist ein Geschenk, erobert, erlangt durch das Leiden.
Dann erfahren wir auch, daß Gott die Geduld hat, auf uns zu warten, bis wir leer sind, damit er in uns und durch uns wirken kann.
Wir sind zum Tätigsein erzogen. Unsere Hände in den Schoß zu legen, zu ruhen, nach innen zu horchen, leer zu werden – das fällt uns schwer.
Und doch müssen wir dies lernen: leer zu werden und teilzuhaben an der großen Leere, an Gott selbst.
Erst dann werden wir zum Instrument. Erst dann lernt das Ich,

sich dem großen Selbst zu unterwerfen. Erst dann dürfen wir mit Paulus sagen: »nicht ich, sondern Christus in mir«.

Wenn wir auf die richtige Weise denken und fühlen, folgt von selbst die richtige Handlung. Dies gibt uns Vertrauen, es strahlt von uns aus und inspiriert uns.
Das macht uns zu einem guten Instrument und wirkt auf unsere direkte Umgebung, schafft Harmonie und Verständnis zwischen uns und jedem, der mit uns in Berührung kommt.
Arbeiten wir z. B. miteinander in einer Gruppe, dann versuchen wir nicht, die Mitarbeiter zu verändern: wir akzeptieren und schätzen sie, wie sie sind, und erkennen immer wieder ihre geistigen Möglichkeiten.
So finden wir einander und führen unsere Quellen der Weisheit und Inspiration, der Überzeugung und Kraft und des Zielbewußtseins zusammen. So bahnen wir Wege und Kanäle zu anderen, zu anderen Gruppen hin, in Glaube und Weisheit, einem höheren Ziel entgegen.
Und so sind wir auch in der Lage, miteinander zu leben und zu arbeiten.
Wir erleben dann im kleinen, irdischen Zusammenhang, was für den ganzen Kosmos gilt: von Gott aus ist alles »geordnet« in Hierarchien bis zur Erde hin und in einem Gleichgewicht zwischen allen Aspekten und Bereichen des Daseins.
Welche Kräfte und welche Inspiration würden frei werden, wenn wir zusammen meditierten. Das ist eine Antwort auf die Frage: »Warum meditieren wir?«
Wir meditieren, um zu finden, um zu heilen, um geheilt zu werden.
Wir meditieren, um zurückzukehren zu dem, was wir einmal besessen haben, ohne uns dessen bewußt zu sein und ohne zu wissen, daß wir es verloren haben, was es war und wann es uns abhanden kam.
Wir meditieren, um heimzukehren zu uns selbst. Dem Selbst, das der tiefste Kern unseres Wesens ist, das große Ich, der göttliche Funke in uns.

Das Suchen nach diesem Selbst beginnt mit dem Beiseiteschieben alles dessen, was nicht *ist,* und führt uns von der Frage: »Wer bin ich?« zum »Ich bin« = zum Selbst. So kommen wir in das Reich des Lichts, des göttlichen Selbst oder »des Christus in uns«, wie die christlichen Mystiker sagen.
Wir erfahren das große Ich oder das Selbst. Das ist transzendental, jenseits von Zeit und Ewigkeit, es ist die einzige Wirklichkeit, das göttliche Selbst.
Diese Erfahrung des göttlichen Selbst nennt man Erleuchtung, den Frieden, der höher ist als alle Vernunft, Samadhi, Nirwana, das, was jenseits von Tod und Vergänglichkeit liegt.

Wenn wir unsere Aufmerksamkeit nach innen wenden, machen wir uns bewußt, daß unsere Sinne, unsere Gedanken, unser Fühlen nur flüchtig, beschränkt und vergänglich sind und zum kleinen Ich gehören. Keine Wirklichkeit, nichts vom Selbst.
Wenn wir all diese Kleine-Ich-Gedanken und -Emotionen, alle Begrenztheiten fallen lassen, bleibt schließlich das große Ich, das Selbst übrig.
So kommen wir in die Stille des großen Ich, des Selbst, und in diesem Reich des Lichts fallen alle Unsicherheit, Furcht, Abhängigkeit und Todesangst für immer von uns ab.
Wir erfahren, was wir sind: was als göttlicher Funke aufleuchtet, wenn wir es tief in unserer Quelle, in unserer Mitte, aufsuchen.
Deswegen muß die Mitte unseres Körpers und seine Tiefe uns bewußt sein. Solange wir in diesem Körper leben, muß unser Geist durch den göttlichen Funken ernährt werden, muß unser Leben aus unserer Quelle Kraft empfangen.
Quer durch das kleine Ich hin – und das ist mit Leiden verbunden – gelangen wir zum großen Ich, zum Selbst, zum Licht.

Wer sich selbst innerlich losgelassen und sein Selbst gefunden hat, hat *alles* und braucht nichts mehr.

20 Meditation II

Aus den bisherigen Kapiteln und Übungen ergibt sich, daß wir uns für den inneren Weg persönlich entscheiden müssen. Das bedeutet, daß wir immer wieder bereit sein müssen, mit dem Ausatem uns innerlich loszulassen und im Einatem von neuem geboren zu werden.
So gehen wir reinigend durch unser Unbewußtes hin, diszipliniert und getreu dem Weg. Auch wenn wir von Kummer und Leiden geplagt werden oder auch das Gefühl haben, dem Leben nicht mehr gewachsen zu sein.
Dann erfahren wir, daß Gottes Macht bis an die äußerste Grenze der Finsternis reicht.

Wie öffnen wir uns und was lassen wir in uns zu?
Wie durchbrechen wir die Widerstände, die wir deutlich in uns wahrnehmen als Schmerz, als Verkrampfung, als dumpfen, schweren Brocken in uns?
Wie lassen wir los und wohin?
Wie finden wir den inneren Weg in uns und durch uns hin?
Wie nehmen wir diesen Weg in unser Leben hinein und wie leben wir danach?
Alle diese Fragen kommen in uns auf, wenn wir mit der Meditation beginnen. Das ist gut, denn wir müssen uns bewußt werden, womit wir in der Meditation beschäftigt sind.
Dadurch wachsen wir und arbeiten wir an uns selbst und dadurch lernen wir, die großen kosmischen Gesetze zu befolgen.
Der Schlüssel zur Beantwortung der oben gestellten Fragen liegt in der Atmung.
Der bewußt erfahrene Einatem läßt uns erkennen, daß wir nicht leben können, ohne zu empfangen, daß wir abhängig sind von etwas, das viel größer ist als wir. Das macht uns bescheiden und demütig, und Demut ist auch notwendig, wenn wir wirklich

teilhaben wollen an dem, was uns im Einatmen an vitaler Energie angeboten wird.
Im Einatmen öffnen wir uns und lassen in uns zu. Wir nehmen wahr, wie wir rundum rund werden, wie unsere Schale geboren wird. Wir sind uns unserer Schale bewußt, wir ruhen darin und leben daraus, und dadurch verändert sich unser Leben. Das Zurückgeben des uns Angebotenen, das im Ausatmen geschieht, soll uns selbstlos machen. Wir sollten uns befreien von unnötigem Besitz, von Begierden, Ehrgeiz usw., von allem, womit wir uns belasten. Wir sollten das mit einem Gefühl der Befreiung und Genugtuung erleben können. In der meditativen Atmung können wir dieses erfahren.
Mit dem Ausatem

- lassen wir los,
- lassen wir uns nieder,
- lassen wir uns einswerden in unserer Tiefe,
- bringen wir unser Denken und Fühlen zusammen in unserer Schale.

Zusammenfassend gesagt:

Zum Einatem gehört Demut,
zum Ausatem gehört Selbstlosigkeit.

Wenn wir uns bewußt machen, was der Prozeß des Atmens beinhaltet, bekommen wir einen Begriff des grundlegenden Ziels im Leben und erhalten wir Gelegenheit, uns zu den formenden Kräften des Unbewußten Zugang zu verschaffen. Es geht nicht darum, uns objektiv oder intellektuell des Atems und seines Rhythmus bewußt zu sein, sondern um unsere Achtsamkeit, unser Erfahren einer lebendigen Bewegung, einer Wellenbewegung, in die wir aufgenommen sind.
Wer bewußt das Atmen lebendig und rhythmisch ordnend in sich erfährt, ist Teil davon und wird dadurch transformiert.
Wir *lassen* die Atmung geschehen und folgen ihr bewußt. Wir nehmen wahr, wie unser kleines Ich, statt in sich selbst verschlossen und verhärtet zu sein, durchscheinend, transparent wird.
Aus unserem eigenen Sein haben wir – ganz Atem – teil am göttlichen Sein.

Solange wir die Atmung nur als eine körperliche Funktion sehen, als ein Füllen der Lungen mit Luft, das Aufnehmen von Sauerstoff und das Ausatmen von Kohlendioxyd, sind wir fern davon, wirklich zu verstehen, was Prana beinhaltet (Prana ist die Kraft, die uns im Atmen öffnet, auch durch die Haut hin).
Atem ist mehr als Luft oder Sauerstoff.
Er ist der Ausdruck eines dynamischen Erfahrens der vitalen Kraft mit jedem Einatem; Kraft, die nicht allein unsere Lungen füllt, sondern auch in unseren Kreislauf aufgenommen wird. Dort wird Prana in ganz feine Energieströme umgewandelt und diese werden durch unsere Nervenbahnen geleitet.
So werden wir bis in die entferntesten Teile unseres Körpers durchströmt, selbst bis in unsere Finger- und Zehenspitzen. So erhalten wir ein neues Körperbewußtsein.
Prana transformiert uns fortwährend und ist imstande, sich dabei verschiedener Medien zu bedienen, ohne seinen Strom zu unterbrechen. Govinda sagt dazu: »Genauso wie elektrischer Strom durch verschiedene Substanzen hindurchströmen kann, ob sie nun in fester Form, flüssig oder gasförmig sind. Selbst durch Räume fließen sie.«
Diese psychischen, elektromagnetischen Ströme können Atem, Blut oder Nerven als Leiter gebrauchen.
Gleichzeitig können sie sich außerhalb dieser Medien bewegen und über das Durchstrahlen der Chakras, unserer Bewußtseinszentren, wirken, wenn diese durch unsere liebevolle Aufmerksamkeit genügend stimuliert werden.
Dieses Stimulieren erreichen wir durch das Sitzen in der Meditation: dabei ist unser Körper nicht nur in unserer Quelle, der Tiefe unserer Mitte, verwurzelt, sondern er ruht auch ohne eine Unterstützung von außen in seinem eigenen Schwerpunkt.
In der Meditation erfahren wir deutlich, wie Stille und Beruhigung von vitaler Kraft erfüllt sein können.

Meditation, haben wir gesagt, verlangt Stille, Ruhe und Stillwerden, Schweigen, Verstummen.
Ruhe bedeutet, daß keine Bewegung stattfindet.

Aus der Ruhe entsteht Wachstum.
Stille steht in Gegensatz zu Geräusch, Lärm.
Wirkliche Stille entsteht erst, wenn wir das selbst wollen. Freiwillig.
Erzwungene Ruhe gibt Unbehagen, drückt uns und behindert.
Stille um uns ist nötig, um innerlich still zu werden. Still vor Gott.
Innerlich still zu werden, erreichen wir durch Üben. Allein mit dem Willen schaffen wir das nicht.
Innere Stille wird als eine Gnade, ein Geschenk erfahren.
Aus der Stille kommt das richtige Wort, auch die Antwort.
Schweigen heißt: still sein nach außen hin.
Wer schweigt, ist in der Lage, aus seiner eigenen Stille heraus auf den anderen zu horchen.
In uns hineinzuhorchen und gehorsam zu sein gegenüber dem, was wir empfangen, macht uns empfindsam. Macht uns vor allem empfänglich für Gott.
Auch Schweigen erfordert Üben und Übergabe, wir müssen die Zeit aufbringen, uns nach innen zu wenden.

Das Verstummen kommt, wenn wir kein Bedürfnis mehr nach sinnlosem Gerede haben, nach Reden, nur um die innere Leere zu füllen.
Dagegen ist das heilige Schweigen ein Geschenk des Heiligen Geistes.
Wenn es so in uns schweigt, erfahren wir das körperlich.
Und selbstverständlich gehört, wie wir das in einem früheren Kapitel besprochen haben, das innere Loslassen, die Übergabe dazu.

21 Meditation III

Wir wollen immer so gern Fortschritte machen in der Meditation, um eine Bestätigung zu erhalten, daß wir auf die rechte Weise um den inneren Weg bemüht sind. Wir meinen, es gäbe bestimmte Symbole, bestimmte Anweisungen, bestimmte Meilensteine, die wir beachten müssen und die anzeigen, wie weit wir fortgeschritten sind. Unser Verstand, unser denkendes Ich, sorgt sich ständig wegen der Resultate.
Wir müssen uns jedoch allein mit dem beschäftigen, was wir tun: Wenn etwas geschieht, wissen wir es, weil es mit und an uns geschieht. Wir müssen aber ganz aufmerksam sein: Was geschieht, kann nämlich anfangs so subtil sein, daß wir es kaum merken.

Jeder Mensch folgt seinem eigenen, einzigen Weg; obwohl wir die gleichen Techniken anwenden. Auch haben wir unsere eigenen, sehr persönlichen Erfahrungen, die nicht vergleichbar sind mit den Erfahrungen anderer, obwohl sie als gleich erscheinen. Darum hat es keinen Sinn, über die Erfahrungen zu sprechen: es hilft uns nicht auf unserem eigenen Weg, es kann sogar schädlich sein und negativ wirken.
Wir tun besser, in unserem innerlichen Fühlen aufzugehen. Wir werden merken, daß wir im täglichen Leben immer zufriedener werden, dankbar, weniger schnell verletzt von Bösem. Wir sind ruhig, still, schwatzen weniger und fühlen uns sehr vital.

Durch das Meditieren lernen wir uns zu konzentrieren und uns über unseren Körper mit ferneren Dimensionen zu verbinden. Dadurch gewinnen Formen und Farben an Intensität, auch unsere Sprache verändert sich, reicht aber nicht aus, um unsere Wahrnehmungen und Empfindungen ganz in Worte zu fassen. Wir kommen zum Kern der Dinge und lernen Ursachen, Folgen und

wechselseitige Zusammenhänge zu sehen. Wir kommen mit Urgesetzen und Urwahrheiten in Berührung.
Dies alles führt dazu, daß wir als neuer Mensch für die neue Erde mit dem Kosmos zusammenzuwirken beginnen.
Die initiatische Erkenntnis, die uns durch die Meditation zuteil wird, macht uns kreativ. Dies kommt in Zeichnen, Malen, Musizieren, Modellieren, Schreiben usw. zum Ausdruck, bewirkt beim einzelnen eine Veränderung und Verfeinerung des Lebensmusters und führt zu neuen ökonomischen und sozialen Entwicklungen in der Gemeinschaft.
Meditation lehrt uns immer mehr, uns so zu sehen, wie wir sind, ohne Beschönigung. So können wir nicht anders, als die beschuldigenden Finger, die vorher auf die anderen gerichtet waren, nun auf uns selbst nach innen zu richten und daraufhin an uns zu arbeiten.
So werden wir glücklicher *in* und *mit* uns selbst. Dies ist eine neue Erfahrung. Nun nehmen Wärme und Liebe in uns zu, werden Bosheit und Aggressivität geringer.
Es geht um die Wärme und Liebe, die von uns ausströmen. Sie quellen hervor, wenn wir eine Meditationsgruppe leiten, wobei es viel weniger auf Form, Einteilung oder Dauer der Meditation ankommt als auf das, was von uns persönlich ausgeht, auf das, was wir *sind*.

Zum wirklichen Meditieren kommen wir erst durch die meditativen Übungen.
Sie helfen uns, unser Dunkles in Licht umzuwandeln, unsere Quelle, aus der die Bewußtseinskräfte strömen, zu öffnen, und sie helfen uns, die Wege finden zu lernen, die uns zur Erleuchtung führen.
Die Übungen reinigen unseren Körper immer mehr und machen uns bereit, uns nach innen zu wenden und das in uns zuzulassen, was dazugehört, wenn wir den initiatischen Weg gehen. Dies ist es, was wir Meditation nennen.
Bei vielen bleibt das Meditieren ein Sich-ruhig-entspannt-Fühlen.

Wir sehen am Gesicht, wie es um den Meditierenden bestellt ist. Es gibt nämlich drei »Meditations-Gesichter«. Kennzeichnend für diese drei Gesichter sind:

1. Falten zwischen den Augenbrauen bedeuten, daß wir anhaltend im denkenden Ich sind und nicht losgelassen haben in die Tiefe unserer Mitte.

2. Lächeln zeigt an, daß das Meditieren als wohltuend, aber zu emotional erlebt wird. Wir befinden uns in unserem Brustkorb, der Gegend unseres Herzens, unseres Gefühls.

3. Das »leere Gesicht«: das Gesicht erscheint leer. Das deutet darauf hin, daß das denkende Ich sich mit dem Fühlen in der Tiefe unserer Mitte vereinigt hat. Alles scheint zu entspannen – »auszuhängen«: Augenlider, Mund, Kehle, alles ist schwer. Die ganze Aufmerksamkeit ist im Hara, in der Tiefe.

Das ist das Gesicht, das zu jeder rechten inneren Haltung gehört. Es ist ruhig geworden, still. Diese Ruhe und Stille strömen zu jeder Pore unseres Körpers.

Wir nehmen passiv wahr – offen, schauend, horchend, ohne zu denken, jedoch wach im Hier und Jetzt, wachsam.

Vor dem Meditieren können wir verschiedene Haltungen einnehmen: Wir können, wie die Zeichnungen zeigen, im Lotus- oder im Halblotussitz sitzen. Wir können kniend auf den Fersen sitzen, eventuell mit einem Kissen zwischen Gesäß und Fersen.

Wir können auf einem speziellen Meditationsbänkchen sitzen, auf einem Hocker oder auf einem Stuhl – eine Haltung, die für uns Abendländer, die nicht gewöhnt sind, auf dem Boden zu sitzen, bequemer ist als die oben beschriebenen Haltungen.

Das Wichtigste bei all diesen Haltungen ist, daß unsere Wirbelsäule gerade ist: Ohr, Schulter, Hüfte und Sitzknochen müssen eine gerade Linie durch uns hin bilden. Dabei sind unsere Knie tiefer als unsere Hüften und etwas gespreizt.

Übung

Wir setzen uns in die Meditations-Haltung, die für uns am besten geeignet erscheint.
Wir lassen unsere Schultern, Arme und Hände los.
Unser Kinn ist eingezogen, unser Scheitel weist zum Himmel.
So bilden Rücken und Nackenwirbel durch unseren Hinterkopf und unseren Scheitel hin eine gerade Linie, sowohl nach oben zum Himmel als auch nach unten zur Erde.
Unsere Augen sind auf einen Punkt vor uns auf dem Boden gerichtet.
Wir entfalten unsere Beckenschale von unserem Chi-Punkt aus und spüren deutlich, wie dort unser Schwerpunkt liegt und wie wir von dort aus atmen.
Haben wir Mühe, unseren Schwerpunkt im Hara zu finden, dann pendeln wir auf unseren Sitzknochen von links nach rechts und von vorne nach hinten.
So fühlen wir, daß wir, ohne uns anzulehnen, auf die richtige Weise in uns ruhen, versunken in unsere Schale. Es ist, als verlängerten sich die Sitzknochen bis zur Erde und als trüge unser Scheitel den Himmel.

So sitzen wir von unserer Mitte aus, offen zur Erde und zum Himmel, unsere Augen auf einen festen Punkt vor uns auf dem Boden gerichtet. Wir fühlen in uns und durch uns hin Erde und Himmel verbunden, und unser Aufrechtsein zwischen beiden.
Unsere Oberschenkel sind offen.
Unsere Beine und Füße sind schwer.
Unsere Hände liegen als eine Einheit in unserem Schoß, die linke Hand in der rechten, so daß die Daumenspitzen einander leicht berühren. Unsere Hände bilden so ein Oval, die Daumen in Nabelhöhe. Von selbst ist dann die Haltung unserer Arme frei und losgelöst vom Körper, so daß, wenn wir ruhig, rhythmisch atmen, die Wärme durch die Oberarme zu unserem Nacken hinaufkriecht.
So bildet sich ein Kreis zwischen Händen und Nacken, der Wärme, Entspannung und Offenheit durch uns hinströmen läßt.
Immer geht unsere Aufmerksamkeit, unser Achtsamsein zurück zu unseren Händen, zu unserer Schale und zu ihrem Boden, zu dem Punkt, wo Ein- und Ausatem einander kreuzen.
Wir sind wach im Hier und Jetzt.
So ordnen wir unseren Körper, unsere Seele und unseren Geist.
Von dort aus ordnet sich unser Leben, und alles findet sich zum rechten Muster.
Dieses Aufrechtsein von innen her gilt nicht allein für unsere Meditation, sondern für alles, was wir den Tag über denken und tun.
So ist es auch mit unserem Atmen. Wenn wir ein- und ausatmen, verbinden wir die Welt außer uns mit der Welt *in* uns in einer hin- und herfließenden Wellenbewegung. Dadurch haben wir teil am großen kosmischen Meer, das seine Wellen fluten läßt durch alles, was ist.
Anfangs kann unser Nacken, unsere Schulterpartie, unser ganzer Rücken schmerzen. Das ist dann ein Signal für uns, daß wir uns innerlich nicht loslassen. Wir müssen lernen, die Schmerzen anzuschauen und auszuhalten, müssen in sie hineinkriechen. Im

gegebenen Augenblick fühlen wir dann, daß die Entspannung warm durch uns hingeht, daß wir also wirklich loslassen und unser Schmerz sich auflöst.

Es geht um das Horchen nach innen, um unser konzentriertes Wahrnehmen, durch das Wärme entsteht und Entspannung sich ausbreitet. Bei der geringsten Unterbrechung der Konzentration weicht die Wärme wieder und verschwindet auch die Ruhe in uns. Sogleich kommt das Denken auf mit seinen Bildern, seinen Spannungen und Emotionen. Gerade im stillen und unbeweglichen Sitzen werden wir dieser Bilder, Spannungen und Emotionen gewahr. Es fällt uns sehr schwer, uns nicht zu bewegen, sondern tiefer in uns selbst unseren Kern zu suchen und die tiefe Stille in uns, in der wir Gott finden.
Es ist gut, wenn wir noch einmal tief in uns durchdringen lassen, daß unter allem Sorgen und Kummer, unter aller Bosheit, aller Begierde der Kern der Stille liegt – in jedem von uns.
In jedem Menschen lebt das Urverlangen nach dem Göttlichen und Unendlichen. Tief in jedem ist das Wissen, daß wir göttlichen Ursprungs sind, und das läßt uns immer erneut danach suchen.
Im Sitzen in der Meditation finden wir *in* uns die Begegnung mit Gott, in der wir seine Liebe und Gnade immer neu erfahren dürfen. Das gibt uns neue, aus der Tiefe aufsteigende Lebenskraft und ein intuitives, unmittelbares Verstehen der Wirklichkeit.

22 Meditation IV

Haltung, Spannung – Entspannung, Atmung

Ausführlich haben wir bereits die richtige Haltung, die richtige Spannung und Entspannung und die richtige Atmung besprochen. Bei der Meditation wollen wir noch einmal besonders die Aufmerksamkeit ihrer wechselseitigen gegenseitigen Abhängigkeit und ihrer direkten Verbindung mit dem richtigen Schwerpunkt zuwenden.
Alle vier sind voneinander abhängig und stehen mit dem Schwerpunkt in Verbindung. Liegt z. B. der Schwerpunkt zu hoch, dann geht der Atem nervös auf und nieder und wird unbewußt »gemacht«. Eine Störung in der Atmung weist auf ein Abweichen von der richtigen Haltung hin.
Ungestört strömendes Atmen vom richtigen Schwerpunkt aus wird zum tiefen Erleben, bei dem wir uns gut und ruhig fühlen: der Atem ordnet in uns. Wir lassen den Rhythmus des kosmischen Atems durch uns hingehen, ohne ihn zu unterbrechen: »Einatmend nehme ich Gottes Ausatem in mich auf« und »ausatmend lasse ich Gottes Einatem durch mich hingehen«, bis wir fühlen: »Es atmet in mir«.
Indem wir dies erleben, nehmen wir mit jedem Einatem die vitalen Kräfte des Kosmos mit in unser ganzes Wesen auf und geben mit jedem Ausatem alles wieder ab.
So erfahren wir, daß unser Leben aus einem unausgesetzten Austausch zwischen allen individuellen und universellen Kräften in starker gegenseitiger Verbundenheit besteht.
Aus alledem wird uns klar, daß die Atmung die Grundlage der Meditation bildet.
Durch das richtige Atmen sind wir bewußt in der Lage, mit unseren körperlichen und seelischen Möglichkeiten in Verbindung zu kommen.
Wir werden, was wir sind.

Nun bedenken wir miteinander, wie wir innerlich leer werden können, wie wir still werden können.
Wie kommen wir los von unseren Emotionen, von unserem chaotischen Gedankenfluß, der uns hindert, uns nach innen zu wenden und zu horchen, zu schauen und einzufühlen? Wie werden wir transparent für die Bilder, die von außen in uns hinein projiziert werden?
Wenn allerlei große und kleine Ärgernisse, Unannehmlichkeiten, Sorgen und Ängste uns im meditativen Sitzen stören, lassen wir sie ruhig in uns zu und schauen sie an. Wir müssen sie einfach aushalten, sie bis in den Kern durchdringen lassen.
Im gegebenen Augenblick erleben wir, daß sie uns nicht länger hindern, nicht mehr wehtun, daß sie aufgelöst oder von uns genommen sind.
Körperlich helfen wir mit durch Loslassen unserer Stirn und des Hinterkopfes, hinter unseren Ohren, der Medulla oblongata (das Prana-Tor), unseres Nackens und der Schulterpartie, vor allem auch zwischen den Schulterblättern, die ganze Wirbelsäule entlang bis tief in unseren Becken-Kreuz-Raum, und indem wir unserem Ausatem innerlich folgen.
Bei vielen von uns ist der Becken-Kreuz-Raum abgeschnitten und sind die Leisten durch nicht erkannte sexuelle Probleme schmerzhaft verkrampft. Gerade der Becken-Kreuz-Raum verbindet uns mit den kosmischen Kräften und ist die Quelle, aus der wir neu geboren werden in eine Welt, die es zwar schon gab, die aber für uns erst jetzt aufblüht.

Übung

Wenn wir nun in unserer Meditations-Haltung sitzen und unsere Atmung sich beruhigt, legen wir unsere Hände in unseren Schoß, die Spitzen der Ringfinger beider Hände gegeneinander wie kleine Türme. Die anderen Finger und die Daumen falten wir nach innen (siehe 1. Zeichnung).
Wir atmen ruhig ein und aus, und tief in uns nehmen wir wahr,

wie Ein- und Ausatmung tiefer in unserer Schale Platz hat. Der Ausatem gleitet von selbst leichter durch.
Wir spüren auch deutlich, daß die Beckenknochen und unsere Hüftgelenke warm werden und mit ausstrahlen.
Wir erleben auf eine neue Weise unsere Schale.
Wir sind wenigstens zehn Minuten so bewußt in uns und nehmen wahr, was sich durch uns hin verändert.

Nun setzen wir die Spitzen unserer Zeigefinger und unserer Daumen gegeneinander (siehe 2. Zeichnung). Die anderen Fin-

ger falten wir nach innen. Wir spüren deutlich, wie sowohl innen hindurch als auch durch unsere Seiten, unsere Schultern und an unseren Ohren vorbei aus der weiten, tiefen Schale heraus Kräfte nach oben hin öffnen.
Es ist, als würde unser Oberkörper zu einem atmenden Gefäß, das Licht und Kälte vom Himmel empfängt.
So öffnet sich der Brustkorb.
So wird unser Herz weit und warm, durchströmt von himmlischen Kräften und himmlischem Licht.

Nun setzen wir die beiden Mittelfinger wie einsame Türme gegeneinander. Die anderen Finger und die Daumen falten wir nach innen (siehe 3. Zeichnung).
Wir atmen ruhig und still.
Wir nehmen wahr, wie oben und unten verbunden werden, wie unser Körper sich öffnet und von tief innen heraus nach außen ausstrahlt.
So sind wir gereinigt und vorbereitet für die Meditation.

Hier folgen nun noch einige weitere Hinweise:
Liegt beim Meditieren die linke Hand in der rechten Hand, dann ist unsere Aufmerksamkeit in unserer Schale.
Liegt die rechte Hand oben, dann verbreitet sich die vorhandene Energie durch unseren ganzen Körper.
Bilden die beiden aufstehenden Daumen eine Turmspitze, dann öffnet sich unser inneres Auge (siehe 4. Zeichnung).

Die liegenden Daumen nehmen den Ärger aus uns weg.
Verlieren wir beim Meditieren unsere Aufmerksamkeit, dann konzentrieren wir uns auf unseren Scheitel.
Wirbeln unsere Gedanken, dann konzentrieren wir uns auf unseren Unterleib, den Hara-Punkt, der drei Querfinger unter unserem Nabel liegt, oder auf den Chi-Punkt, drei Querfinger über dem Schambein.
Ist unser Geist träge und scheint nicht mitzutun, dann konzentrieren wir uns auf unsere Füße.

23 Sitzen und Gehen: Kin Hin

In japanischen Klöstern wechseln das Sitzen in Meditation und das meditative Gehen einander ab; für eine bestimmte Zeit gehen die Mönche in einer Reihe hintereinander durch den Meditations-Raum. Die Körperbewegung wirkt sich auf den Kreislauf aus, und aus den Beinen und Füßen verschwinden eventuelle Steifheit und Schmerzen.
Während des Gehens wird häufig gesungen oder »aum« gesummt, das erhöht die Wirkung.
Das meditative Gehen nennt man »Kin Hin«, und man geht ungefähr zehn Minuten nach dreißig Minuten Sitzen.

Übung

Bevor wir mit dem Gehen anfangen, stellen wir uns bewußt hin: kraftvoll stehen, die Füße etwas auseinander, den Schwerpunkt in der Tiefe unserer Mitte.
Wir nehmen die Kraft in der Tiefe wahr.
Wir tasten ab von der Mitte aus nach unten und nach oben.
Wir tasten zur Erde hin und in die Erde hinein und von unserem Scheitel aus zum Himmel.
Bei jedem Atemzug fühlen wir tiefer in die Erde ein.
Es ist, als ob unsere Füße sich in der Erde verwurzeln, und wir folgen innerlich diesem Prozeß tief in die Erde hinein.
Wir fühlen, wie neue Kraft in uns hineinströmt.
Wir fühlen uns wie ein Baum, wie unser Lieblingsbaum.
Wir stellen uns die Form des Stammes vor. Die Farbe dieses Stammes. Seine Äste und Blätter.
Ebenso wie das Wachsen und Sichentfalten der Blätterkrone unseres Baumes direkt von seinem Wurzelsystem abhängen, so hängt unsere vitale Entwicklung von unserer tatsächlichen Treue

zu unseren Wurzeln, zu unserem Wesen ab. Das heißt: von der ununterbrochenen Verbindung zur »großen Einheit« allen Lebens, aus der auch unser inneres Leben entstanden ist. Wir fühlen, wie wir, so wie wir nun stehen, von unseren Füßen aus, tief in der Erde verwurzelt sind und nach oben hin zuwachsen. Unser Stamm erhebt sich senkrecht in die Höhe.
Jetzt entfaltet sich breit die Blätterkrone, die uns beschirmt und durchstrahlt.
Wir sind Baum!

Wir schauen auf einen festen Punkt in Augenhöhe, dann haben wir Verbindung mit unserer Mitte.
Wir gehen von der Mitte aus so: beim Einatmen heben wir einen Fuß von der Erde auf und beim Ausatmen setzen wir den Fuß wieder auf, rollen ihn ab: Ferse-Mittelfuß-Zehen und verlagern dabei unser ganzes Gewicht auf diesen Fuß. Dann folgt der andere Fuß.
Indem wir uns so abwechselnd auf den linken und rechten Fuß stützen, bringen wir unsere männliche und unsere weibliche Seite ins Gleichgewicht: links und rechts, Yin und Yang. Bei diesem Gehen atmen wir ganz ruhig ein und aus in einem Verhältnis von 1 zu 5, später wird es zu 1 zu 7, sogar zu 1 zu 11 werden.
Der Schritt, den wir machen, ist mindestens einen halben Fuß lang. Das heißt, wenn wir mit unserem linken Fuß beginnen, setzen wir die Ferse unseres linken Fußes in Höhe der Mitte des rechten Fußes auf. Wir geben das ganze Körpergewicht ab, wobei wir unseren Fuß abrollen und gleichzeitig ausatmen.
Sobald der linke Fuß auf der Erde steht, heben wir beim Einatmen langsam abrollend den rechten Fuß und setzen ihn beim Ausatmen in Höhe der Mitte des linken Fußes wieder auf.
So entsteht ein ununterbrochenes Vorwärtsgehen, das einem inneren Rhythmus folgt.
Wir dürfen nicht stehenbleiben, das hieße rückwärts zu gehen, sondern wir müssen aus unserer Mitte stetig weitergehen und es wagen, den folgenden Schritt zu unternehmen. Kin Hin und

Meditation zusammen geben uns mehr Stabilität und Harmonie.
Beim Gehen sind zwei Handhaltungen möglich.
Bei der einen Haltung hängen die Arme locker am Körper entlang mit den Händen als Schalen geöffnet: in diesen Schalen fangen wir grüngoldenes Licht auf, das uns Vitalität und Harmonie gibt.
Bei der anderen Haltung machen wir aus der linken Hand eine Faust, unseren Daumen innen in der geschlossenen Hand, und legen die Faust mit dem Handrücken nach oben in Höhe der Brustwarzen mitten auf unsere Brust, wo unser Herz ist. Auf diese Faust legen wir unsere rechte Hand, beide Unterarme horizontal angewinkelt, unsere Schultern entspannt, locker. So gibt es einen festen Punkt, der unsere Ellbogen trägt, als wären sie Flügel. Die Ellbogen sollen nämlich nicht hängen; das würde einen ziehenden Schmerz in Nacken und Schultern zur Folge haben.
Gehen wir in einer Gruppe Kin Hin, dann richten wir unsere Augen auf die Fersen des vor uns Gehenden. Durch die Konzentration auf die Fersen öffnen wir die Füße unseres Vordermanns, kommen in den gleichen Rhythmus und halten untereinander den richtigen Abstand. Wir empfangen von dem, der hinter uns geht, und geben weiter an den vor uns Gehenden: unsere Füße werden durchstrahlt.
So entsteht ein Kreis von Kraft und Licht, der uns als Gruppe verbindet. Viele spüren die Vibration durch die Füße und Knöchel zur Mitte hinaufsteigen, bis in den Nacken und selbst bis unter die Kopfhaut.
In der Gruppe gehen wir bequemer, wenn wir statt mit halben mit ganzen Fußlängen gehen.
Auch hier kommt es auf das Gehen mit unserem Schwerpunkt im Hara oder im Chi an, auf das rhythmische Gehen ohne Unterbrechung, bis es zu einem langsamen »es geht durch mich« wird.
Auf das Kin-Hin-Gehen bereiten wir uns vor, indem wir das Stillstehen und Verwurzeltsein in der Erde erfahren. In derselben Verbundenheit mit der Erde gehen wir Kin Hin, und unmittelbar

danach gehen wir auf unseren Platz im Meditations-Raum, um zu meditieren.
So ist es ein kontinuierliches Erleben der Verbindung mit der Erde im Stehen, Gehen und Sitzen. Auch wenn wir allein üben, sorgen wir auf dieselbe Art für diese Kontinuität: sie gehört zu der Übung.

24 Atmen – Summen

Übung

Wir setzen uns in die Meditations-Haltung, die für uns am besten geeignet erscheint. Wir suchen das heilige Dreieck in uns auf: das Dreieck, das durch unsere zwei Sitzknochen und den letzten Steißbeinwirbel gebildet wird. Wir verbinden diese drei miteinander und wir erleben innerlich die Kraft, die Wärme und das Licht, die von diesem Dreieck ausgehen. Aus dieser Kraftquelle wächst unsere Wirbelsäule gerade, wie ein Baumstamm, nach oben.
Wir lassen unsere Schultern, Arme und Hände los.
Wir legen die Hände ineinander, wobei die Daumenspitzen sich leicht berühren. Unsere Augen sind auf einen festen Punkt auf dem Boden gerichtet. Die Knie sind tiefer als die Hüften.
Unser Atem kommt und geht, kommt und geht. Wir lassen das ganz ruhig geschehen. Wir warten, bis es von selbst in der Tiefe von unserer Mitte geschieht: »Es atmet in uns«.

Im Einatmen nehmen wir wahr, daß Kraft in uns hineinströmt.
Wir legen nun unsere Zungenspitze hinter unsere Schneidezähne gegen den Gaumen und beginnen, mit dem Ausatem langsam »m« zu summen.
Wir fühlen die Vibration des »m« in unserer Nasenhöhle.
Dreimal summen wir mit dem Ausatem »m«.
Danach legen wir unsere Zungenspitze etwas weiter zurück zur Mitte unseres Gaumens und summen mit dem Ausatem »n«.
Wir nehmen wahr, wie die Schwingung des »n« unsere Stirn, unseren Schädel, besonders auch den Hinterkopf entspannt.
Dreimal summen wir das »n«.

Wir legen die Zungenspitze noch weiter nach hinten, näher zu den Gaumenzäpfchen und summen mit der Ausatmung »ng«.
Durch die Schwingung des »ng« entspannen sich der Nacken und die Schulterpartie.

Nach dreimaligem »ng«-Summen fühlt sich auch unser Rücken offen und entspannt.

Nun gehen wir dazu über, einen kurzen o-Laut mit einem langen »m« dahinter, das durch unseren ganzen Körper schwingt, zu summen: »o m m m m m m m m m m«.
Wir fühlen deutlich, wie tief dies durch uns hin wirkt.
Wir öffnen uns tief nach innen.
Nun halten wir das »o« und das »m« gleich lang an: »o o o o o o o o o m m m m m m m m m«.
Das wirkt öffnend nach außen.
Wir lassen das wie einen Gongschlag durch uns hin gehen. Es ist als würden wir selbst zum Gong.
Wir summen:

om-men
om-men
om-men

Bei gemeinsamem Summen in der Gruppe kann, wenn wir unsere Haut, unser Wesen zur Gruppe hin öffnen, der Laut zu einem werden.
Danach summen wir »o« und »m« gleich lang, jeder im eigenen Rhythmus. Wer fertig ist, beginnt erneut, bis das Signal zum Aufhören gegeben wird.
Wenn es still geworden ist, stellen wir uns ein auf den unhörbaren Ton in unserem Herzen.
Dort klingt der unhörbare Ton unseres Wesens.
Wer »m« in sich widerhallen hört, ist auf dem Weg.

In seinem Buch »Grundlagen Tibetischer Mystik« bringt Govinda eine besonders schöne Betrachtung über das Summen des heiligen om-ah-hum. Ich habe versucht, sie hier für uns zusammenzufassen:

Om: beim Singen und Erleben des Lautes »om« öffnen wir uns, befreien wir uns, brechen wir durch unsere Selbstbefriedigung

und werden eins mit dem All, dem Absoluten, dem Ungeformten, dem Allumfassenden.
Wir empfangen reine Energie.
Wir sind.
Ah: Ah spiegelt die materielle Welt, das Individuelle, das Einmalige, das Relative, das Geformte.
Hum: hum ist mehr als om, es ist der Weg der Mitte.
Hum kann nicht bestehen ohne om.
Hum ist die Integration, das Sein durchstrahlt die Materie.
Das Allumfassende manifestiert sich im Einmaligen.
Das Absolute im Relativen.
Das Unendliche im Endlichen.
Das Zeitlose im Zeitlichen.

Dies ist die Weisheit des großen Spiegels, der sowohl die Leere als auch die Dinge widerspiegelt,
die Leere in den Dingen
und die Dinge in der Leere.
Wir müssen »om« erlebt, erfahren haben, um das »hum« zu verstehen.
Deswegen steht »om« am Anfang und »hum« am Ende dieses Mantras.
Im »om« öffnen wir uns, im »hum« übergeben wir uns.
»Om« ist die Pforte der Erkenntnis, »hum« das Tor zur Verwirklichung im Leben.
Im Sanskrit bedeutet »hu« opfern, das Opfern unseres Ich.

Du bist nicht Öl noch Luft – nur der Verbrennungspunkt, der Brennpunkt, wo das Licht geboren wird.
Du bist nur die Linse im Lichtstrom. Nur so kannst du das Licht entgegennehmen und geben und besitzen.
Suchst du dich selbst ›in deinem eigenen Recht‹, so verhinderst du die Vereinigung von Luft und Öl in der Flamme, raubst der Linse ihre Durchsichtigkeit.
Weihe – Licht oder im Licht zu sein, vernichtet, damit es entstehe, vernichtet, damit es sich sammle und verbreite.

Dag Hammarskjöld
(in: »Zeichen am Weg«)